마법천자문

과학 퀴즈북

아울북 초등교육연구소 지음

3

물과 생물

이 책의 구성

물과 생물에 관련된 〈물속 생물〉, 〈바다 생물〉, 〈물〉, 〈환경과 생물〉
의 4개 라운드로 구성되어 있습니다.

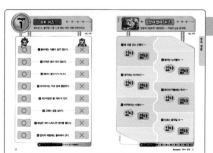

Stage 1

OX 퀴즈, 있다없다 퀴즈, 네모 퀴즈,
사다리 퀴즈, 왜?왜? 퀴즈 등 다양한
퀴즈로 주제에 대한 흥미를 유발하는
단계입니다.

각 주제에서 꼭 알아야 내용 48가지를 퀴즈를 통해 재미있게 알아가는 단계입니다.

각 주제에서 꼭 알아야 내용 48가지를 퀴즈를 통해 재미있게 알아가는 단계입니다.

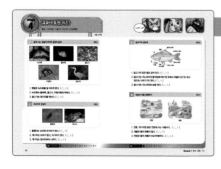

각 주제에 대한 교과서 내용을 간단한 OX 퀴즈, 네모 퀴즈 등으로 풀어보는 단계입니다.

차례

◉ Round 1 - 물속 생물

stage 1

OX 퀴즈	10
있다없다 퀴즈	11
네모 퀴즈	12
사다리 퀴즈	13
왜?왜? 퀴즈	14

stage 2

집중탐구 퀴즈

물풀 · 개구리밥	16
소금쟁이 · 물매암이	17
물방개 · 물자라	20
잠자리 애벌레 · 개구리	21
가재 · 미꾸라지	24
송사리 · 물고기1	25
물고기2 · 물고기3	28
물속 환경 · 먹이사슬	29

쉬어가기

속담 퀴즈	32
또또 퀴즈	33

stage 3

집중탐구 퀴즈

갯벌 생물 · 게	34
바닷말 · 플랑크톤	35
산호1 · 산호2	38
고래 · 해달	39
상어1 · 상어2	42
문어 · 독이 있는 동물	43
공격과 방어1 · 공격과 방어2	46
공생1 · 물속 동물의 이동1	47

stage 4

교과서 도전 퀴즈	50

 # Round 2 - 바다와 생물

stage 1

OX 퀴즈 ······················· 56

있다없다 퀴즈 ··············· 57

네모 퀴즈 ······················ 58

사다리 퀴즈 ··················· 59

왜?왜? 퀴즈 ·················· 60

stage 2

집중탐구 퀴즈

바다란? · 바다의 특징 ······· 62

강과 바다 · 바다 속 현상 ····· 63

바다 속 지형1 · 바다 속 지형2 66

바다의 움직임 · 밀물과 썰물 ··· 67

갯벌 · 갯벌 생물 ················ 70

바다 생물 · 바다 동물 ·········· 71

바다 젖먹이동물 · 고래 ········ 74

바다 파충류 · 물고기의 짝짓기 75

쉬어가기

속담 퀴즈 ······················ 78

또또 퀴즈 ······················ 79

stage 3

집중탐구 퀴즈

바다 식물1 · 바다 식물2 ······· 80

강장동물 · 극피동물 ··········· 81

연체동물 · 해수어와 담수어 ···· 84

수영1 · 수영2 ·················· 85

방어 · 먹이와 입 ··············· 88

사는 곳과 생김새 · 깊이와 동물 89

심해 동물 · 바다의 이용 ········ 92

영해란? · 바다 오염 ··········· 93

stage 4

교과서 도전 퀴즈 ···················· 96

차례

◎ Round 3 - 물

⟨ stage 1 ⟩

OX 퀴즈 ······· 102

있다없다 퀴즈 ······· 103

네모 퀴즈 ······· 104

사다리 퀴즈 ······· 105

왜?왜? 퀴즈 ······· 106

⟨ stage 2 ⟩

집중탐구 퀴즈

물이란? · 물과 온도 ······· 108

물과 얼음 · 물의 증발 ······· 109

물과 지구 · 물과 열 ······· 112

날씨와 물1 · 날씨와 물2 ······· 113

물의 순환 · 흐르는 물 ······· 116

지하수 · 물의 저장 ······· 117

수증기 · 빗물 ······· 120

강물 · 바다 ······· 121

쉬어가기

속담 퀴즈 ······· 124

또또 퀴즈 ······· 125

⟨ stage 3 ⟩

집중탐구 퀴즈

물의 성질1 · 물의 성질2 ······· 126

물의 성질3 · 물의 성질4 ······· 127

물의 성질5 · 물의 기록 ······· 130

우리 몸과 물1 · 우리 몸과 물2 131

물과 식물 · 물에 사는 식물 ······· 134

물과 동물 · 물에 사는 동물 ······· 135

물의 오염1 · 물의 오염2 ······· 138

물의 정화 · 줄어드는 물 ······· 139

⟨ stage 4 ⟩

교과서 도전 퀴즈 ······· 142

 # Round 4- 환경과 생물

stage 1

OX 퀴즈 ················ 148

있다없다 퀴즈 ········· 149

네모 퀴즈 ·············· 150

사다리 퀴즈 ··········· 151

왜?왜? 퀴즈 ·········· 152

stage 2

집중탐구 퀴즈

환경이란? · 생물과 환경 ··· 154

생물과 비생물의 관계 ·
생물 사이의 관계 ········· 155

생태계1 · 생태계2 ········· 158

생태계의 파괴 · 주변의 생물 159

진화 · 진화와 퇴화 ········ 162

온도와 생물 · 빛과 생물 ··· 163

물과 생물 · 습지와 생물 ··· 166

갯벌과 식물 · 갯벌과 동물··· 167

쉬어가기

속담 퀴즈 ················ 170

또또 퀴즈 ················ 171

stage 3

집중탐구 퀴즈

지구의 환경1 · 지구의 환경2 172

사막의 식물1 · 사막의 식물2 173

사막의 동물1 · 사막의 동물2 176

열대 우림의 식물1 ·
열대 우림의 식물2 ········· 177

초원의 식물 · 초원의 동물 ··· 180

남극의 생물 · 북극의 식물 ··· 181

북극의 동물1 · 북극의 동물2 184

지구 온난화 · 산성비 ······· 185

stage 4

교과서 도전 퀴즈 ········· 188

1 Round

물속 생물

stage 2

집중탐구 퀴즈

물풀·개구리밥
소금쟁이·물매암이
물방개·물자라
잠자리 애벌레·개구리
가재·미꾸라지
송사리·물고기 1
물고기 2·물고기 3
물속 환경·먹이사슬

● 속담 퀴즈
● 또또 퀴즈

stage 1

● ○× 퀴즈
● 있다없다 퀴즈
● 네모 퀴즈
● 사다리 퀴즈
● 왜?왜? 퀴즈

stage 3

집중탐구 퀴즈

갯벌 생물·게
바닷말·플랑크톤
산호 1·산호 2
고래·해달
상어 1·상어 2
문어·독이 있는 동물
공격과 방어 1·공격과 방어 2
공생·물속 동물의 이동

stage 4

교과서 도전 퀴즈

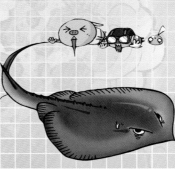

OX 퀴즈

맞으면 ○, 틀리면 ×에 ○표 하는 거야. 이제 시작이라고!

정답 12쪽

○ **1** 물속에는 식물이 살지 않는다. ×

○ **2** 미역은 꽃이 피지 않는다. ×

○ **3** 해마는 물고기가 아니다. ×

○ **4** 미꾸라지는 주로 밤에 활동한다. ×

○ **5** 개구리밥은 물 위에 떠 있다. ×

○ **6** 고래는 알을 낳는다. ×

○ **7** 해삼은 적이 나타나면 창자를 뱉는다. ×

○ **8** 잠자리 애벌레는 물속에서 산다. ×

각 쪽을 잘 보고, 답을 맞춰봐. 누가 더 많이 맞췄을까……

1 물 위를 걷는 곤충이 ~

있다 없다

2 붕어는 눈꺼풀이 ~

있다 없다

3 개구리는 아가미가 ~

있다 없다

4 문어의 먹물에는 독이 ~

있다 없다

5 미꾸라지는 수염이 ~

있다 없다

6 산호는 움직일 수 ~

있다 없다

1 고래는 ▢ 에 산다. ············ 바다 〉 강

2 해마의 얼굴은 ▢ 을 닮았다. ············ 말 〉 돼지

3 산호는 ▢ 이다. ············ 동물 〉 식물

4 붕어는 잠을 ▢ . ············ 잔다 〉 안잔다

5 올챙이는 ▢ 가 먼저 나온다. ············ 앞다리 〉 뒷다리

6 해달과 수달 중 바다에 사는 것은 ▢ 이다. ······ 해달 〉 수달

7 등 위에 알을 짊어진 물자라는 ▢ 이다. ······ 암컷 〉 수컷

8 문어의 다리는 ▢ 개이다. ············ 10 〉 8

사다리 퀴즈

알쏭달쏭 수수께끼! 사다리를 타면 답이 나와.

정답 15쪽

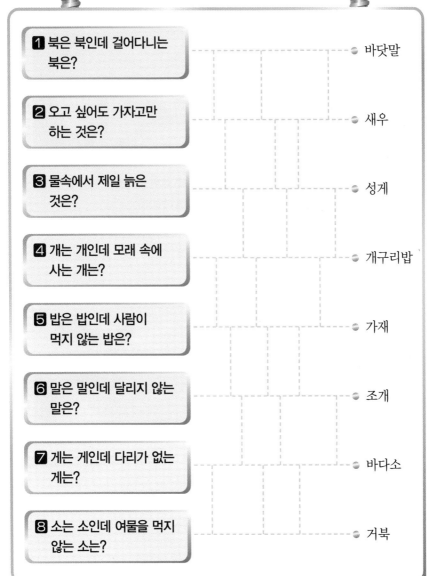

1 북은 북인데 걸어다니는 북은?

2 오고 싶어도 가자고만 하는 것은?

3 물속에서 제일 늙은 것은?

4 개는 개인데 모래 속에 사는 개는?

5 밥은 밥인데 사람이 먹지 않는 밥은?

6 말은 말인데 달리지 않는 말은?

7 게는 게인데 다리가 없는 게는?

8 소는 소인데 여물을 먹지 않는 소는?

바닷말

새우

성게

개구리밥

가재

조개

바다소

거북

11쪽 정답 **1** 있다 **2** 없다 **3** 없다 **4** 있다 **5** 있다 **6** 없다

왜?왜? 퀴즈

왜? 왜 그럴까? 숨겨진 이유를 찾아봐.

정답 10쪽

1

왜 넙치는 옆으로 누워있어도 잘 볼 수 있을까?

① 눈이 머리 한쪽에 있어서
② 눈이 10개나 있어서

2

왜 새끼 바다소는 어미 옆구리에 붙어 다닐까?

① 헤엄을 못 쳐서
② 옆구리에 젖이 있어서

3

왜 악어는 한 번 문 먹이를 절대 놓치지 않을까?

① 이빨에서 독이 나와서
② 턱 힘이 아주 세서

4

왜 악어는 물 밖에 나와서 햇볕을 쬘까?

① 몸에 기생충을 없애려고
② 몸을 따뜻하게 하려고

12쪽 정답 **1** 바다 **2** 말 **3** 동물 **4** 잔다 **5** 뒷다리 **6** 해달 **7** 수컷 **8** 8

14

왜 새우는 꼬리지느러미를 꺽었다 펼까?

① 빨리 움직이려고
② 새끼를 낳으려고

왜 납자루 옆에는 항상 조개가 있을까?

① 조개 속에 알을 낳아서
② 조개 속에 살아서

왜 빨판상어는 바다거북에 붙어다닐까?

① 피를 빨아 먹을려고
② 먹다 버린 찌거기를 먹으려고

왜 가재는 싸움을 하다가 집게다리를 자를까?

① 도망가려고
② 먹이로 주려고

13쪽 정답 ❶ 거북 ❷ 가재 ❸ 새우 ❹ 조개 ❺ 개구리밥 ❻ 바닷말 ❼ 성게 ❽ 바다소

물풀	개구리밥

1 물에 사는 식물을 물풀이라고 해. 다음 중 물풀은 무엇일까?

① 둥둥 개구리밥
② 알록달록 산호
③ 흐느적흐느적 말미잘

2 물풀은 동물의 먹이가 되고, 숨는 곳이기도 해. 또 어떤 도움을 줄까?

① 따뜻하게 해 줘.
② 숨 쉴 산소를 줘.
③ 마실 물을 줘.

3 땅 위 식물은 잎으로 숨을 쉬어. 그럼 물속 물풀은 어떻게 숨을 쉴까?

① 숨관을 물 밖으로 내밀어서
② 꽃잎을 물 밖으로 내밀어서
③ 몸 전체로 물속 공기를 빨아들여서

4 개구리밥은 물 위에 둥둥 떠 있어. 어떻게 뜨는 걸까?

① 줄기에 공기가 들어 있어서
② 줄기가 아주 가벼워서
③ 줄기에 기름기가 있어서

5 흙에서 자라는 식물은 뿌리가 있어. 물 위에 사는 개구리밥도 뿌리가 있을까?

① 그럼, 있지.
② 아니, 없어.

6 개구리밥의 뿌리는 물에서 양분을 빨아들여. 또 어떤 일을 할까?

① 개구리밥이 움직일 수 있게 해.
② 개구리밥이 숨 쉴 수 있게 해.
③ 개구리밥이 뒤집어지지 않게 해.

소금쟁이	물매암이

저쪽에서 진동이 느껴지는데?

그래? 먹이가 떨어졌나?

와! 눈이 위아래 있잖아? 괴물이닷~

그래서 물 위를 동시에 볼 수 있지.

7 소금쟁이는 물 위를 걸어 다녀. 어떻게 걸을 수 있을까? (답은 2개)

① 다리에 공기 주머니가 있어서
② 몸이 가벼워서
③ 다리 잔털에 기름이 나와서

8 소금쟁이는 물 위를 다니면서 먹이를 먹어. 무엇을 먹을까?

① 물에 떨어진 낙엽
② 물 위로 떠오르는 미역
③ 물에 떨어진 곤충

9 소금쟁이는 물 위에 곤충이 떨어진 걸 어떻게 알까?

① 물이 흔들리는 걸 느껴서
② 물 소리를 듣고서
③ 물 색깔을 보고서

10 소금쟁이는 스케이트 타듯 물 위에 떠 있어. 물매암이는 어떻게 떠 있을까?

① 팔랑팔랑 날아서
② 폴짝폴짝 뛰어서
③ 뱅글뱅글 맴돌면서

11 소금쟁이는 잔털의 기름기 때문에 뜰 수 있어. 물매암이는 어떻게 뜰까?

① 다리에 공기를 잔뜩 넣어서
② 다리를 아주 빨리 움직여서
③ 다리에 기름기가 있어서

12 물매암이는 위아래로 눈이 2개씩 있어. 그럼 무엇이 좋을까?

① 자세하게 볼 수 있어.
② 색을 선명하게 볼 수 있어.
③ 물 위아래를 동시에 볼 수 있어.

정답과 해설은 뒤쪽에 있어.

물풀

물풀은 온몸으로 물속 공기를 빨아들이는구나.

응? 근데 갑자기 공기가 탁해졌네?

개구리밥

물 위에 떠서 사니 고생이 많군.

무슨 소리! 이래 봬도 뿌리 있는 가문 이라고!

정답 1. ① 2. ② 3. ③

물풀은 물에 사는 식물이에요. 검정말이나 붕어마름은 물속에, 개구리밥이나 부레옥잠은 물에 떠서, 수련은 잎과 꽃은 물 위에 내놓고 뿌리는 물 밑 흙 속에 박고 살아요.

물풀은 땅 위 식물처럼 광합성을 해서 영양분을 만들어요. 이때 나온 산소로 물속 동물이 숨을 쉬어요. 검정말처럼 물속에 잠겨 사는 물풀은 몸 전체로 물에 녹아 있는 공기를 빨아들여요.

정답 4. ① 5. ① 6. ③

개구리밥의 잎처럼 보이는 부분은 줄기가 변한 엽상체로, 뒷면의 공기방으로 숨을 쉬고, 몸을 물 위에 띄우는 일을 해요.

땅 위 식물의 뿌리는 흙 속의 물과 영양분을 빨아들여요. 물속에 늘어져 있는 개구리밥의 뿌리는 물속의 영양분을 빨아들여요.

개구리밥의 뿌리 끝은 뿌리주머니로 싸여 있어요. 그래서 추처럼 늘어져 있으면서 개구리밥이 뒤집히지 않게 해요.

소금쟁이

물매암이

정답 7.②, ③ 8.③ 9.①

소금쟁이는 물 위를 스케이트 타듯이 미끄러져 다녀요. 몸이 아주 가볍고, 다리의 잔털에선 기름기가 나오기 때문이에요. 또 잔털이 몸을 떠받쳐 줘서 물 위에 잘 뜰 수 있어요.
소금쟁이는 물에 떨어진 곤충이나 죽은 물고기의 체액을 먹어요. 곤충이 물 위에 떨어지면서 물 표면이 흔들리게 돼요. 그러면 소금쟁이는 이 흔들림을 느껴 먹이가 어디에 있는지 알아내요.

정답 10.③ 11.② 12.③

물 위에 사는 물매암이는 물 위를 뱅글뱅글 맴돌아요. 언뜻 보면 별 움직임없이 살살 맴도는 것 같지만, 물 위에 떠 있기 위해서 1초에 50번이나 다리를 움직여요.
물매암이는 겹눈이 2쌍 있어요. 위쪽의 1쌍은 물 밖에, 아래쪽의 1쌍은 물속에 잠겨 있어요. 위쪽 겹눈으로는 물 위에 떨어지는 먹이를 보고, 아래쪽 겹눈으로는 물속의 먹이를 찾아요.

16-17쪽 정답이야.

집중탐구 퀴즈

문제를 잘 읽고 맞는 것을 골라봐. 쉽지 않을걸!

물방개

전방 10m 앞에 먹이 발견! 뒷다리야 부탁해.

털이 빽빽한 뒷다리님만 믿으라고.

물자라

물자라 엄마! 알 업고 다니느라 힘들죠?

저 엄마 아니라 아빱니다.

---

13 물방개는 이 부분을 노처럼 저어 헤엄쳐. 어디일까?

① 뾰족한 배
② 얇고 긴 더듬이
③ 빽빽하게 털이 난 뒷다리

14 물방개는 물속에서 살아. 어떻게 숨을 쉴까?

① 물고기처럼 아가미로
② 꽁무니의 공기방울로
③ 숨을 쉬지 않아.

15 물방개를 손으로 잡았더니 입에서 갈색 물을 뿜었어. 이것은 무엇일까?

① 지독한 냄새가 나는 액체
② 쓴맛이 나는 액체
③ 독이 든 액체

16 물자라는 헤엄을 잘 치는 곤충이야. 어디에 살까?

① 개울 물 위에   ② 개울 속에
③ 바다 속에

17 물자라 암컷은 물풀에 알을 낳지 않아. 어디에 낳을까?

① 편평한 수컷 등 위에
② 어두운 바위 밑에
③ 질퍽한 진흙 속에

18 물자라 수컷은 등에 알을 짊어진 채로 물 밖에서 지내. 왜 그럴까?

① 알이 몇 개인지 세어 보려고
② 알의 물기를 없애려고
③ 알에 공기와 햇빛을 쐬어 주려고

잠자리 애벌레

> 엄마! 찾으러 갈거야.

> 엄마 저 밖에서 하늘을 날고 계셔.

개구리

> 우리 엄마 개구리인데 못 보셨어요.

> 뭐? 개구리랑 전혀 다르게 생겼는데…

19 잠자리는 대부분 물가에서 알을 낳아. 알에서 깨어난 잠자리 애벌레는 어디에서 자랄까?

① 물속   ② 나무 속
③ 바위 틈

20 잠자리 애벌레는 물속 진흙에 잘 숨어. 그럼 어떤 색일까?

① 파란색   ② 갈색
③ 흰색

21 물속에 사는 잠자리 애벌레는 어떻게 숨을 쉴까?

① 가끔 물 밖으로 나와서
② 물속에서 아가미로
③ 물속에서 폐로

22 개구리가 물속에 알을 낳았어. 개구리 알은 어떻게 생겼을까?

① 바늘처럼 뾰족뾰족
② 포도알처럼 송알송알
③ 젓가락처럼 길쭉길쭉

23 개구리 알이 깨어나 올챙이가 되었어. 올챙이는 앞다리가 먼저 나올까, 뒷다리가 먼저 나올까?

① 뒷다리   ② 앞다리
③ 동시에

24 올챙이는 아가미로 숨을 쉬어. 개구리도 아가미로 숨을 쉴까?

① 그럼, 아가미로 숨을 쉬어.
② 아니, 폐와 피부로 숨을 쉬어.

정답과 해설은 뒤쪽에 있어.

집중탐구 퀴즈 정답 & 해설

물방개

정답 **13.** ③ **14.** ② **15.** ②

물방개는 아주 빠르게 헤엄칠 수 있어요. 털이 빽빽하게 난 뒷다리를 노처럼 저어 물을 밀치고 나가기 때문이에요.

물방개는 가끔 물 위로 나와 공기를 들이마셔요. 그러면 꽁무니에 공기 방울이 생겨서 물속에서도 숨을 쉴 수 있어요.

물방개는 위험할 때 입에서는 갈색, 가슴에서는 흰색의 쓴 액체를 내뿜어 적이 자기를 못 먹게 해요.

물자라

정답 **16.** ② **17.** ① **18.** ③

물자라는 개울이나 연못 속을 헤엄치면서 먹이를 잡아먹고 살아요.

물속에 사는 대부분의 곤충은 물풀이나 이끼에 알을 낳아요. 하지만 물자라는 수컷의 편평한 등에 알을 낳아요. 알은 끈기가 있어서 등에 잘 붙어 있어요.

물자라 수컷은 알을 등에 짊어지고 하루 종일 물 밖에서 지내요. 알에게 신선한 공기를 주고, 따뜻한 햇빛을 쬐어 주기 위해서예요.

잠자리 애벌레

개구리

정답 19. ① 20. ② 21. ②

잠자리의 암컷은 물이나 물가의 식물에 알을 낳아요. 알을 낳는 모습은 잠자리의 종류마다 달라서, 배 끝을 물에 담고 알을 낳거나, 하늘에서 물속으로 알을 떨어뜨리기도 해요.

잠자리 애벌레는 몸 색깔이 보통 진흙과 비슷해서 찾기가 어려워요. 어른 잠자리는 배에 있는 숨구멍으로 숨을 쉬어요. 하지만 애벌레는 물고기처럼 배 끝에 있는 아가미로 숨을 쉬어요.

정답 22. ② 23. ① 24. ②

개구리마다 알을 낳는 방법이 달라요. 알을 흩뿌리는가 하면, 흘러가지 않게 고인 물에 송이송이 알을 이어 낳는 개구리도 있어요.

알에서 나온 올챙이는 꼬리로 헤엄쳐 다녀요. 그러다가 뒷다리가 먼저 나오고 앞다리가 나온 후 꼬리가 없어지면서 개구리가 돼요.

물속에 사는 올챙이는 아가미로 숨을 쉬어요. 그러다 개구리가 되면 아가미가 퇴화되어 사라지고 폐와 피부로 숨을 쉬어요.

20-21쪽 정답이야.

가재

음이 돌 밑이 럭셔리하게 살긴 딱이군.

럭셔리라고 하기엔 좀 좁아보이는 데….

미꾸라지

일어나! 벌써 달이 중천이라구.

뭐? 벌써 밤이야? 늦잠잤네.

25 가재는 깨끗한 냇가에 살아. 어디에서 찾을 수 있을까?

① 물속 돌 밑이나 바위 틈
② 물 밖 돌 밑이나 바위 틈
③ 물속 물풀 사이

26 가재는 물속에 있는 돌 밑에서 살아. 왜 그럴까?

① 돌 냄새를 좋아해서
② 먹이가 많아서
③ 숨어 살기 좋아서

27 요즘 가재가 점점 사라지고 있어. 왜 그럴까?

① 물이 차가워져서
② 물이 깨끗해져서
③ 물이 오염돼서

28 물 밑 진흙 속에서 사는 미꾸라지가 물 밖으로 머리를 내밀 때가 있어. 왜 그럴까?

① 숨을 쉬려고   ② 바람을 쐬려고
③ 햇볕을 쐬려고

29 미꾸라지는 주로 낮에 자고 밤에 움직여. 낮에는 어디에 있을까?

① 물 밑 구멍이나 물풀 속에
② 물가 모래 속에
③ 커다란 돌 위에

30 미꾸라지는 수염이 10개나 있어. 이 수염은 무슨 일을 할까?

① 먹이를 찾아.
② 적을 물리쳐.
③ 암컷을 유혹해.

송사리

> 아약~ 적이 나타났다. 어서 피해.

물고기 1

> 쿨~ 쿨~ 드르렁~

> 자는 거였어? 눈을 뜨고 자니깐 알 수가 있어야지.

31 송사리는 다른 물고기에 비해 몸집이 작아. 송사리는 어떻게 몸을 보호할까?

① 꼭꼭 숨어서 안 나와.
② 여럿이 떼를 지어 다녀.
③ 물풀로 몸을 감싸.

32 모기가 많은 하천에 송사리를 풀어 놓 았더니 모기가 점점 줄었어. 왜 그럴까?

① 모기를 쫓아내서
② 모기를 잡아먹어서
③ 모기 애벌레를 잡아먹어서

33 송사리는 물살이 약한 곳에서 살아. 다음 중 어디에 많이 살까?

① 폭포가 쏟아지는 곳
② 논 웅덩이
③ 깊은 바다

34 우리는 얼굴 양옆에 귀가 있어. 붕어 의 귀는 어디에 있을까?

① 머리 속   ② 비늘 속
③ 지느러미 속

35 사람은 코로 냄새를 맡아. 붕어는 어 디로 냄새를 맡을까?

① 코   ② 아가미
③ 입

36 붕어는 눈꺼풀이 없어. 그럼 잠을 어 떻게 잘까?

① 눈을 뜨고
② 땅에 머리를 박고
③ 물풀로 눈을 가리고

정답과 해설은 뒤쪽에 있어.

집중탐구 퀴즈 정답 & 해설

가재

미꾸라지

정답 25. ① 26. ③ 27. ③

가재는 물이 깨끗하고 돌과 바위가 많은 냇가에서 살아요.

돌 밑에 몸을 숨기고 사는 가재는 몸 색이 돌과 비슷한 적갈색이어서 눈에 잘 띄지 않아요.

가재가 살기 좋은 냇가는 온도가 많이 올라가지 않아 시원해요. 그런데 요즘에는 물이 오염되어 깨끗하고 시원한 냇가가 사라지고 있어요. 그래서 깨끗한 냇가에 사는 가재도 함께 사라지고 있어요.

정답 28. ① 29. ① 30. ①

미꾸라지는 평소에 아가미로 숨을 쉬다 물속에 공기가 없어지면 물 위로 올라와요. 또 가뭄이 들어 물이 마르면 다른 물고기는 죽지만, 미꾸라지는 축축한 진흙 속으로 들어가 창자로 숨을 쉬고 살아요.

미꾸라지는 낮에는 안전한 구멍이나 물풀 속에서 잠을 자고, 밤에 먹이를 찾아 다녀요.

미꾸라지는 미각과 촉각이 발달한 10개의 수염이 있어요. 이 수염을 흙 속에 넣고 먹이를 찾아요.

송사리

물고기 1

정답 31.② 32.③ 33.②

몸집이 작은 송사리는 떼지어 다녀요. 떼를 지어 다니면 적을 발견하기 쉬워서 빨리 피할 수 있고, 먹이도 쉽게 찾을 수 있어요.

송사리는 입이 튀어나와서 모기 애벌레를 잡아먹기 좋아요. 그래서 송사리가 많은 곳에는 모기가 적어요. 송사리는 원래 물풀이 많고 물살이 느린 하천에 살았지만 지금은 물 흐름이 거의 없는 논 웅덩이에 많이 살아요. 하천이 개발되면서 물속 환경이 변했기 때문이에요.

정답 34.① 35.① 36.①

물고기의 귀는 양쪽 머리 속에 있어요. 귀가 밝아서 사람의 말소리나 다가오는 소리를 들을 수 있어요. 물고기도 혀가 있어서 맛을 느끼지만 입 밖으로 내밀 수는 없어요. 물고기는 코로 냄새를 맡아 먹이를 찾기도 해요. 냄새는 물을 콧구멍으로 넣어 맡아요.

물고기는 눈꺼풀이 없어서 눈을 감을 수 없어요. 그래서 잠도 눈을 뜨고 자요.

24-25쪽 정답이야.

물고기 2

와~
몸이 온통
비늘 투성이네.

이 비늘이
내 몸을
보호하는
거야.

물고기 3

얼굴은
히~힝 말을
닮고?

나, 나는야!
해마 ♬

꼬리는
작은 벌레를
닮았네~b

37 물고기 몸은 비늘로 덮여 있어. 비늘은 무슨 일을 할까?

① 숨을 쉬어.
② 부드러운 몸을 보호해.
③ 몸 속에 물이 잘 들어오게 해.

38 물고기 몸 양쪽에는 기다란 옆줄이 있어. 옆줄은 어떤 일을 할까?

① 물의 흐름을 느껴.
② 숨을 쉬어.
③ 먹이를 유혹해.

39 물고기의 등에는 뼈가 있어. 다음 중 물고기는 누구일까?

① 새우
② 잉어
③ 가재

40 물고기는 물속에 가만히 있어도 가라앉지 않아. 왜 그럴까?

① 뼈가 없어서
② 몸이 스티로폼처럼 가벼워서
③ 공기주머니인 부레가 있어서

41 물고기는 물에 녹아 있는 산소로 숨을 쉬어. 산소를 어디로 받아들일까?

① 부레
② 아가미
③ 옆줄

42 해마는 얼굴은 말을 닮고 꼬리는 작은 벌레를 닮았어. 헤엄은 어떻게 칠까?

① 몸을 세우고 등지느러미를 움직여서
② 몸을 눕히고 온몸을 움직여서

물속 환경

왜지 좀
답답한 거
같아.

물풀이
가짜라서
그래.

먹이사슬

어젯밤에 다슬기가
붕어에게 잡아 먹혔대.

그 붕어는
아침에
백로에게 잡아
먹혔대.

43 어항을 물고기가 살던 곳과 비슷하게
꾸미려고 해. 어항에 넣어야 할 것을
모두 찾아봐. (답은 2개)

　　　물풀, 밀가루, 물병, 돌멩이

44 어항에 물고기가 숨고, 알을 낳을 수
있는 곳을 만들려고 해. 무엇을 넣어
야 할까?

① 물풀　　　② 공기방울 발생기
③ 플라스틱 자

45 어항에는 공기방울 발생기를 넣어. 왜
그럴까?

① 물고기가 가지고 놀게 하려고
② 물고기가 숨을 잘 쉬라고
③ 물을 맑게 하려고

46 물풀을 먹고 사는 다슬기를 기르려고
해. 어항은 어디에 두면 좋을까?

① 바람이 잘 통하는 곳
② 햇빛이 잘 드는 곳
③ 아주 깜깜한 곳

47 다슬기가 있는 어항에 붕어를 넣으면
안 돼. 왜 그럴까?

① 다슬기가 붕어의 몸에 붙어서
② 붕어가 다슬기를 잡아먹어서
③ 먹이가 부족하게 돼서

48 다슬기는 물풀을, 붕어는 다슬기를 먹
는 것처럼 먹고 먹히는 관계가 사슬처
럼 이어지는 것을 뭐라고 할까?

① 먹이점점　　② 먹이연결
③ 먹이사슬

정답과 해설은 뒤쪽에 있어.

물고기 2

물고기 3

정답 37.② 38.① 39.②

물고기의 단단한 비늘은 기와처럼 겹쳐 있어요. 그래서 병균이나 물이 몸 안으로 들어오지 못하게 하고, 부드러운 몸을 보호해요.

물고기의 몸 양쪽의 옆줄은 감각기관이에요. 아가미에서 꼬리까지 길게 이어져 있고 물의 흐름과 진동, 수온과 수압 등 환경의 변화를 느껴요.

물고기도 등뼈(척추)가 있어요. 하지만 물고기처럼 물에 살지만 새우나 가재는 등뼈가 없어요.

정답 40.③ 41.② 42.①

물고기는 몸 속에 '부레'라는 공기 주머니가 있어요. 물고기는 이 부레의 크기를 조절해서 뜨거나 가라앉아요.

물고기는 빗살 모양의 아가미로 물에 녹아 있는 산소를 얻고 이산화탄소를 내보내며 숨을 쉬어요.

해마는 머리는 말을 닮고, 꼬리는 돌돌 말린 작은 벌레를 닮았어요. 하지만 아가미로 숨을 쉬고, 몸을 세워 등지느러미를 움직이며 헤엄치는 물고기예요.

물속 환경

먹이사슬

정답 43. 물풀, 돌멩이 44. ① 45. ②

어항은 물고기가 살던 곳과 비슷하게 꾸며야 해요.

물고기가 알을 낳거나 숨을 수 있도록 돌과 물풀을 넣는데, 특히 물풀은 숨을 쉬기 위해서 꼭 필요해요. 물풀이 광합성을 하면서 산소를 내뿜기 때문이에요. 만약 물풀이 없다면 대신 공기방울 발생기를 넣어야 해요.

또 물풀은 물고기의 먹이일 뿐만 아니라 집을 짓고 알을 낳는 곳이기도 해요.

정답 46. ② 47. ② 48. ③

다슬기는 물풀을 먹고 사는데, 물풀은 햇빛을 받아 광합성을 해서 살아요. 그래서 다슬기를 기르는 어항은 햇빛이 잘 드는 곳에 두어야 해요.

붕어와 다슬기가 함께 있으면 붕어가 다슬기를 잡아먹어요. 그런데 붕어는 백로에게 잡아먹혀요. 이렇게 물풀은 다슬기가, 다슬기는 붕어가, 붕어는 백로가 잡아먹는 것처럼 먹고 먹히는 관계가 사슬처럼 이어지는 것을 '먹이사슬' 이라고 해요.

28-29쪽 정답이야.

열쇠를 찾아봐. 속담이 보일거야.

■■■■ 한 마리가 온 웅덩이를 흐린다.

➔ 못된 사람 하나가 온 집안이나 사회를 망친다.

고래 싸움에 ■■ 등 터진다.

➔ 강자들이 다투는 사이에 아무 관계없는 약자가 손해를 입는다.

도랑치고 ■■ 잡는다.

➔ 한 가지 일로 두 가지 이익을 얻는다.

가재는 ■ 편.

➔ 서로 연관 있는 것끼리 편이 되어 사정을 봐준다.

우물 안 ■■■.

➔ 넓은 세상의 형편을 모른다.

개구리

새우

게

가재

미꾸라지

또또퀴즈

정답 79쪽

왼쪽과같은 그림은 어느 것일까?

① 　**②** 　**③**

④ 　**⑤** 　**⑥**

과연~
만만치 않을걸?

1기쪽 정답 6마리

또또 퀴즈~정말 재미있다. 어디 어디 숨었을까?

집중탐구 퀴즈

문제를 잘 읽고 맞는 것을 골라봐. 쉽지 않을걸!

갯벌 생물

난 갯벌에 사는 조개!

게

걸을 땐 걷는 다리

먹이 잡고, 싸울 땐 집게다리

49 바닷물이 들어왔다 나가는 곳을 갯벌이라고 해. 갯벌에 사는 동물을 모두 찾아 봐. (답은 2개)

좀도요, 맛조개, 달팽이, 개구리

50 백합조개는 물떼새에게 잡아먹혀. 물떼새가 나타나면 어떻게 할까?

① 바닷물로 뛰어들어.

② 껍데기를 벌려.

③ 모래 속에 파고 들어.

51 홍합은 거친 파도를 잘 견뎌내. 어떻게 견딜까?

① 바위에 붙어서

② 모래 속에 들어가서

③ 서로 몸에 붙어서

52 게의 다리는 10개야. 이 중 걸을 때 사용하는 다리는 몇 개일까?

① 10개 모두   ② 2개

③ 8개

53 게는 이 다리로 먹이도 잡고, 싸움도 해. 이 다리는 무엇일까?

① 걷는다리   ② 안짱다리

③ 집게다리

54 이 새는 갯벌 근처에 살면서 긴 부리로 딱딱한 게를 잡아먹어. 다음 중 누굴까?

① 참새   ② 독수리

③ 도요새

바닷말

미역 꽃은 어디있지?

우리 꽃없이 홀씨로 번식을 해.

플랑크톤

빨리 좀 가! 상어가 쫓아오잖아.

플랑크톤을 너무 많이 먹었나봐. 몸이 무거워.

55 바닷말은 바다에 사는 식물이야. 바닷말을 찾아 봐. (답은 2개)

① 김   ② 미역
③ 갈대

56 바닷말은 꽃을 피우지 않고 이것으로 번식해. 이것은 무엇일까?

① 줄기   ② 홀씨
③ 열매

57 깊은 바다 속에는 바닷말이 살지 못해. 왜 그럴까?

① 아주 더워서
② 공기가 너무 많아서
③ 햇빛이 안 들어와서

58 상어는 대구같이 큰 물고기를 먹고 살아. 대구는 뭘 먹고 살까?

① 미역 같은 바닷말
② 멸치같이 작은 물고기
③ 고래같이 큰 동물

59 멸치는 아주 작은 물고기야. 멸치는 뭘 먹고 살까?

① 아주 짠 물
② 아주 작은 동물성 플랑크톤
③ 아주 큰 상어

60 동물성 플랑크톤은 물에 떠다니는 아주 작은 동물이야. 뭘 먹고 살까?

① 식물성 플랑크톤
② 곤충
③ 산호

정답과 해설은 뒤쪽에 있어.

집중탐구 퀴즈 정답 & 해설

갯벌 생물

게

49. 좀도요, 맛조개 50. ③ 51. ①

갯벌에는 달랑게, 농게, 맛조개, 백합, 갯지렁이 등이 살아요. 그리고 갯벌 주변에는 이것들을 잡아먹는 좀도요나 물떼새 같은 새들이 살아요. 바닷물이 빠지면 백합은 적들을 피해 도끼처럼 생긴 발로 모래 속을 파고 들어가 몸을 숨겨요. 그러다 물이 들어올 때 촉수를 내밀어 먹이를 먹어요.
홍합은 거친 파도에 떠밀려 가지 않도록 바위에 가늘고 검은 실 같은 '족사'로 붙어 있어요.

52. ③ 53. ③ 54. ③

게의 다리는 5쌍이에요. 몸 맨 앞쪽에 커다란 집게가 달린 집게다리 1쌍과 걷는다리 4쌍이 있어요.
집게다리는 먹이를 잡거나 먹을 때 또 적을 쫓거나 싸울 때 써요. 걷는다리는 말 그대로 걷거나 헤엄을 칠 때 써요.
갯벌에는 철새들이 머무르며 조개나 게를 잡아먹어요. 그 중 도요새는 게의 딱딱한 껍데기를 길고 뾰족한 부리로 부수고 살을 먹어요.

바닷말

플랑크톤

정답 55.①, ② 56.② 57.③

바닷말은 바다에 사는 모든 식물을 말해요. 우리가 먹는 미역, 김, 파래 등이 모두 바닷말이에요.

땅에 사는 식물은 대부분 꽃을 피워서 번식하지만, 바닷말은 꽃을 피우지 않고 홀씨로 번식해요. 또 바닷말은 잎과 줄기를 쉽게 구분할 수 없어요.

바닷말도 햇빛을 받아서 광합성을 해요. 그래서 햇빛이 닿지 않는 깊은 바다 속에는 바닷말이 살지 못해요.

정답 58.② 59.② 60.①

플랑크톤은 물 가까이 떠 있는 작은 동식물로 그 수가 아주 많아요.

플랑크톤은 식물성 플랑크톤과 동물성 플랑크톤으로 나뉘어요. 식물성 플랑크톤은 식물처럼 엽록소가 있어서 햇빛을 받아 광합성을 하고 산소를 내보내요. 동물성 플랑크톤은 물벼룩, 크릴 같은 작은 동물로 식물성 플랑크톤을 먹고 살아요.

이런 플랑크톤은 수많은 바다 동물의 먹이가 돼요.

34-35쪽 정답이야.

산호 1

으아악! 우리 보고 자꾸 식물이래~

뭐야? 우린 물고기를 잡아먹는 동물이라고.

산호 2

움직이긴 하는 거야? 잘 모르겠는데…

나는 움직이는 산호 말미잘님이시다.

61 산호는 울긋불긋하고, 대부분 바위에 붙어 살아. 산호는 식물일까, 동물일까?

① 예쁜 꽃이 피는 식물이야.

② 먹이를 잡아먹는 동물이야.

62 산호는 움직일 수 없는데, 어떻게 먹이를 잡아먹을까?

① 끈끈한 액을 뿜어서

② 둥그런 몸통을 굴려서

③ 기다란 촉수로 독침을 쏴서

63 산호는 햇빛이 잘 드는 곳에서만 살 수 있어. 어디에서 살까?

① 춥고 얕은 바다

② 따뜻하고 얕은 바다

③ 시원하고 깊은 바다

64 산호 주변에 사는 동물은 대부분 산호처럼 알록달록해. 왜 그럴까?

① 산호보다 화려해 보이려고

② 산호처럼 보이려고

③ 산호와 친해지려고

65 산호는 대부분 움직이지 못하지만 이 산호는 움직일 수 있어. 누굴까?

① 촉수가 많은 말미잘

② 다리가 많은 바다나리

③ 부채처럼 생긴 히드라

66 산호가 점점 사라지고 있어. 왜 그럴까?

① 물고기가 잡아먹어서

② 바닷말이 산호 옆에 많이 자라서

③ 사람들이 많이 캐서

고래

고래! 어디 땅에 살았다는 증거를 보여주시지?

옆으로 누운 이 꼬리가 바로 증거야.

해달

걱정마! 다 먹는 방법이 있지.

저 단단한 조개를 어떻게 먹으려고.

67 고래는 가끔 물 밖으로 나와 물을 뿜어 내. 뭘 하는 걸까?

① 목욕을 하는 거야.

② 분수 놀이를 하는 거야.

③ 숨을 쉬는 거야.

68 고래는 처음에는 땅에서 살았어. 다음 중 무엇으로 알 수 있을까?

① 커다란 몸집

② 커다란 입

③ 옆으로 누운 꼬리지느러미

69 고래는 옆으로 누운 모양의 꼬리지느러미로 헤엄쳐. 꼬리지느러미를 어떻게 사용할까?

① 위아래로 흔들어.

② 좌우로 흔들어.

③ 뱅글뱅글 돌려.

70 바다에 사는 해달은 조개를 먹고 살아. 딱딱한 조개를 어떻게 깨뜨릴까?

① 돌로 쳐서

② 단단한 이빨로 깨물어서

③ 바위에 던져서

71 해달은 배를 하늘로 향한 채 물 위에 둥둥 떠 있어. 뭘 하는 걸까?

① 몸을 따뜻하게 하고 있어.

② 새를 잡으려고 기다리고 있어.

③ 새끼를 낳고 있어.

72 해달은 물 위에 떠서 자지만, 물에 떠내려가지 않아. 왜 그럴까?

① 바닷말로 몸을 감아서

② 바위에 발을 딱 붙여서

③ 긴 꼬리를 땅에 박아서

정답과 해설은 뒤쪽에 있어.

집중탐구 퀴즈 정답&해설

산호 1

정답 **61.② 62.③ 63.②**

산호는 새의 날개처럼 생긴 여러 개의 촉수가 달린 폴립이 모여 몸을 이룬 동물이에요. 한 폴립에는 기다란 촉수와 그릇처럼 생긴 강장이 있어요.

산호는 먹잇감이 촉수에 닿으면 독침을 쏘아 잡아요. 그리고 강장에 넣어 소화시키고 다시 강장으로 내뱉어요.

산호는 따뜻하고 햇빛이 잘 비치는 얕은 물에서 자라요. 또 더러운 물에서는 살지 못해요.

산호 2

정답 **64.② 65.① 66.③**

산호 주변에는 먹이가 많고 숨기도 좋아서 물고기가 많아요. 산호 주변 물고기들은 눈에 띄지 않으려고 산호처럼 몸 색깔이 화려해요.

산호는 흘러오는 먹이를 먹기 때문에 대부분 바위에 붙어 살아요. 그런데 산호 중 하나인 말미잘 중에는 먹이를 찾아 조금씩 자리를 옮기는 것도 있어요.

요즘은 산호가 점점 사라지고 있어요. 사람들이 장식품으로 쓰려고 많이 캐고 바다가 오염되기 때문이에요.

고래

해달

정답 67.③ 68.③ 69.①

고래는 바다에 살지만 아가미가 아닌 폐로 숨 쉬고, 새끼를 낳아 젖을 먹여 키우는 젖먹이 동물이에요.

고래는 물속에서 생활하다가 물 밖에 나와 물을 뿜어요. 이것은 머리 꼭대기에 있는 숨구멍으로 물을 뿜어 숨을 쉬는 거예요.

고래의 꼬리지느러미는 물고기와 달리 옆으로 누워 있어서 위아래로 흔들며 헤엄을 쳐요. 이것은 땅에서 살며 움직였던 흔적중 하나예요.

정답 70.① 71.① 72.①

바다에 사는 포유류인 해달은 물 위에 누운 채로 먹이를 먹어요. 전복이나 조개를 가슴 위에 올려 놓고 돌로 두들겨 단단한 껍데기를 깨고 속살을 꺼내 먹어요.

해달은 물 위에 배를 드러내고 누워 있어요. 이것은 털이 적은 배를 햇빛에 말려 몸을 따뜻하게 하려는 거예요. 해달은 잠도 물에 둥둥 떠서 자요. 하지만 바닷말을 몸에 친친 감고 자기 때문에 물에 떠내려 가지 않아요.

38-39쪽 정답이야.

집중탐구 퀴즈

문제를 잘 읽고 맞는 것을 골라봐. 쉽지 않을걸!

상어 1	상어 2

이 이빨 덕에 나보다 큰 먹이도 먹을 수 있지.

와~ 저 무시무시한 이빨 좀 봐.

쿵쿵 어디서 피냄새가 나는데?

73 상어는 이것이 있어서 자기보다 큰 먹잇감도 잘 먹을 수 있어. 이것은 무엇일까? (답은 2개)

① 날카로운 이빨

② 아주 기다란 혀　③ 강한 턱

74 상어의 몸은 헤엄을 잘 칠 수 있게 생겼어. 어떻게 생겼을까?

① 주둥이 쪽은 좁고, 몸 쪽은 넓은 유선형

② 지느러미가 뾰족한 뾰족형

75 상어의 뼈는 가볍고 부드러운 물렁뼈야. 어떤 점이 좋을까? (답은 2개)

① 물에 잘 뜰 수 있어.

② 먹이를 빨리 먹을 수 있어.

③ 앞으로 빨리 나갈 수 있어.

76 상어는 눈이 안 좋은 대신 이것이 발달했어. 무엇일까?

① 이빨, 지느러미

② 부레, 아가미

③ 귀, 코

77 상어는 피 냄새를 아주 잘 맡아. 얼마나 약한 냄새까지 맡을 수 있을까?

① 세면대 속 피 한 방울 냄새

② 욕조 속 피 한 방울 냄새

③ 수영장 속 피 한 방울 냄새

78 상어는 냄새도 없고, 소리도 내지 않는 먹잇감도 잘 찾아. 어떻게 찾는 걸까?

① 옆줄로 느껴서

② 아가미로 느껴서

③ 지느러미로 느껴서

문어	독이 있는 동물

와 다리에 빨판 좀 봐!

맛을 보려면 이정도 빨판은 되야지.

음흐흐! 내 독침 맛을 보면 그런 소리 못하지.

와~ 정말 화려하고 예쁘다. 슬쩍 만져볼까?

79 말랑한 문어는 적의 공격을 받기 쉬워. 문어는 평소 어떻게 적을 피할까?

① 바위 틈이나 모래 속에 숨어서
② 다리를 저어 거품을 내서
③ 먹물을 계속 쏘아서

80 우리는 입으로 맛을 보지만 문어는 이곳으로 맛을 봐. 어디로 맛을 볼까?

① 머리
② 먹물 주머니
③ 다리의 빨판

81 적을 만난 문어가 먹물을 쏘았어. 그런 뒤 어떻게 할까?

① 도망가.
② 적을 물어뜯어.
③ 먹물을 들이마셔.

82 투명한 해파리는 촉수에 독이 있어. 언제 사용할까? (답은 2개)

① 먹이를 잡을 때
② 적을 쫓을 때
③ 짝짓기를 할 때

83 솔베감펭은 화려한 등지느러미에 독이 있어. 그럼 몸이 넓고 꼬리가 긴 노랑가오리는 어디에 독이 있을까?

① 등지느러미　② 꼬리
③ 몸 전체에

84 솔베감펭과 노랑가오리는 언제 독을 사용할까?

① 먹이를 잡을 때
② 위험할 때
③ 짝짓기를 할 때

정답과 해설은 뒤쪽에 있어.

집중탐구 퀴즈 정답 & 해설

상어 1

상어 2

정답 73. ①, ③ 74. ① 75. ①, ③

상어는 날카로운 이빨이 2겹으로 나 있어 한번 문 먹이는 절대 놓치지 않아요. 또 턱을 머리뼈에서 빼듯이 내밀어 입을 크게 벌려서 자기보다 큰 먹이도 잡을 수 있어요. 또한 날카로운 이빨은 빠지면 계속 새로 나와요.

상어는 몸이 유선형이어서 날쌔게 헤엄칠 수 있어요. 또 뼈는 부드러운 물렁뼈여서 몸이 물에 잘 뜨고, 몸을 구부리며 꼬리지느러미를 휘저어 빨리 나아갈 수 있어요.

정답 76. ③ 77. ③ 78. ①

상어는 눈이 좋지 않아서 가까이 다가온 먹이만 볼 수 있어요. 그대신 청각과 후각이 발달해서 1킬로미터 떨어진 곳의 소리를 듣고, 수백 미터 떨어진 곳의 피 냄새를 맡을 수 있어요. 가장 사나운 백상아리는 1.6킬로미터 떨어진 곳의 피 냄새도 맡을 수 있어요.

상어는 물이 흐려서 앞을 볼 수 없고, 먹잇감이 소리를 내지 않고 소리를 들을 수 없어도 옆줄을 이용해 먹이를 찾을 수 있어요.

문어

으악! 세상에서 먹물이 제일 싫어!

받아랏! 울트라 초강력 먹물 빔!

독이 있는 동물

앗싸! 가오리! 놀아 줘!

노랑가오리는 꼬리에 독이 있어! 가지 마!

주, 죽고픈 거냐?

정답 79.① 80.③ 81.①

단단한 껍데기가 없는 문어는 평소에는 적들을 피해서 좁은 바위틈이나 굴 속에 숨어 있어요.

문어 다리의 빨판에는 수백만 개의 감각기가 있어요. 그래서 빨판으로 맛과 생김새를 알아내요.

문어는 아주 위험할 때만 먹물을 쏴서 적을 놀라게 해요. 왜냐하면 먹물에는 문어에게도 위험한 독 성분이 있기 때문이에요. 그래서 먹물을 쏘고 자기도 얼른 도망쳐요.

정답 82.①, ② 83.② 84.②

우산처럼 생긴 해파리는 몸 가장자리에 있는 촉수의 독침으로 먹잇감을 잡거나 적을 쫓아요.

화려한 등지느러미를 가진 쏠베감펭은 위험이 닥치면, 레이스처럼 늘어진 독이 든 등지느러미를 기다랗게 세워요.

몸이 넓적하고 꼬리가 긴 노랑가오리는 얕은 바다의 모랫바닥에 숨어 살아요. 그러다 위험이 닥치면 꼬리에 있는 독침을 쏴요.

42-43쪽 정답이야.

집중탐구 퀴즈

문제를 잘 읽고 맞는 것을 골라봐. 쉽지 않을걸!

공격과 방어 1

공격과 방어 2

85 해삼은 적이 나타나면 국수처럼 생긴 이것을 내뱉어. 이것은 무엇일까?

① 혀   ② 위
③ 창자

86 해삼은 왜 위험하면 창자를 내뱉는 걸까?

① 창자를 먹는 동안 도망가려고
② 창자를 먹는 동안 공격하려고
③ 창자에 있는 독으로 공격하려고

87 창자가 없어진 해삼은 어떻게 될까?

① 며칠 후에 죽어.
② 얼마 후 창자가 다시 생겨.
③ 다른 해삼의 창자를 얻어 와.

88 가리비는 아주 납작한 조개야. 적이 나타나면 어떻게 할까?

① 물을 내뿜고 도망가.
② 다리를 휘저어 도망가.
③ 지느러미로 헤엄쳐 도망가.

89 복어는 위험하다고 느끼면 몸을 바꿔. 어떻게 바꿀까?

① 가짜 눈을 2개 만들어.
② 몸을 풍선처럼 부풀려.
③ 지느러미에서 빛을 내.

90 날치는 지느러미가 큰 물고기야. 적이 쫓아오면 어떻게 할까?

① 지느러미로 몸을 가려.
② 지느러미로 적을 마구 찔러.
③ 지느러미로 쫙 펴고 날아올라.

공생

흰동가리야! 빨리 나와. 거긴 독이 있다고.

걱정마셔. 난 말미잘과 절친이라고.

물속 동물의 이동

거북아! 급하게 어딜가는 거야?

응! 알을 낳고 빨리 돌아올게.

91 흰동가리는 무서운 독침을 가진 말미잘 속에 살아. 왜 그럴까?

① 독침을 먹고 살려고
② 독침에 똥을 누려고
③ 몸을 보호하려고

92 말미잘은 흰동가리와 같이 살면 좋은 점이 뭘까?

① 흰동가리가 먹이를 꾀어 와.
② 흰동가리가 똥을 먹이로 줘.
③ 흰동가리가 알을 먹이로 줘.

93 말미잘과 흰동가리는 도움을 주고 받으며 살아. 이런 관계를 뭐라고 할까?

① 서로 돕는 공생
② 한쪽이 붙어사는 기생
③ 서로 먹고 먹히는 먹이사슬

94 연어는 바다에 살다가 자기가 태어난 강으로 되돌아가. 왜 돌아가는 걸까?

① 집을 꾸미려고
② 알을 낳으려고
③ 먹이를 구하려고

95 바다거북은 알을 낳으려고 먼 거리를 여행해. 바다거북은 어디에 알을 낳을까?

① 강 밑바닥　② 바닷가 모래 속
③ 산 속

96 북극에 사는 혹등고래는 겨울에 이 곳으로 가서 새끼를 낳아. 어디일까?

① 반대쪽 남극 지방
② 어둡고 깊은 바다
③ 적도 근처 따뜻한 바다

정답과 해설은 뒤쪽에 있어.

공격과 방어 1

공격과 방어 2

정답 85.③ 85.① 87.②

해삼은 물고기나 적이 다가오면 국수처럼 생긴 기다란 창자를 내뱉고 도망가요. 뱉어 낸 창자는 곧 다시 생겨나요.

물고기는 해삼의 창자를 먹느라 해삼에 신경 쓰지 않아요. 어떤 때는 끈끈한 해삼의 창자가 물고기 몸에 붙기도 해요. 그러면 물고기는 달라붙은 창자를 떼내느라 정신이 없어요. 이렇게 물고기가 창자에 신경 쓰는 사이 해삼은 도망쳐요.

정답 88.① 89.② 90.③

가리비는 적이 나타나면 물을 뿜으면서 도망가요. 물을 내뿜으면 한 번에 10미터 이상 갈 수 있어요.

복어는 위험을 느끼면 몸 속의 팽창 주머니에 물이나 공기를 넣어 몸을 부풀려서 적에게 겁을 줘요.

날치는 적에게 쫓기면 점점 빠르게 헤엄치다가 가슴지느러미와 배지느러미를 쫙 펴고 물 밖으로 글라이더처럼 날아올라요. 이때 속력은 시속 50~60킬로미터나 돼요.

공생

물속 동물의 이동

정답 91.③ 92.① 93.①

말미잘은 촉수에 독이 있지만, 흰동가리는 말미잘의 독에 영향을 받지 않아요. 그래서 말미잘의 촉수 뒤에 알을 낳고 자신도 보호를 받아요. 흰동가리는 적이 쫓아오면 말미잘의 촉수 사이로 몸을 숨겨요. 그러면 쫓아오던 적은 말미잘 촉수의 독에 몸이 마비돼요. 이때 말미잘은 이 물고기를 먹어요. 이렇게 말미잘은 먹이를 얻고, 흰동가리는 안전할 수 있어요. 이처럼 서로 도우며 함께 사는 것을 '공생'이라고 해요.

정답 94.② 95.② 96.③

연어, 바다거북, 혹등고래는 알과 새끼를 낳기 위해 긴 여행을 해요. 연어는 바다에 살다가 수천 킬로미터를 헤엄쳐 태어난 강으로 돌아가서 알을 낳고 죽어요.
바다거북은 깊은 바다에 살다가 얕은 바다에서 짝짓기를 해요. 그러고는 태어난 바닷가 모래 속에 알을 낳아요.
혹등고래는 봄, 여름에는 북극 지방에 살다가, 겨울이 되면 따뜻한 적도 근처 바다에서 새끼를 낳아요.

🌀 46-47쪽 정답이야.

교과서 도전 퀴즈

학교 시험에는 어떻게 나올까? 도전해봐!

정답 52쪽

1 물에 사는 생물의 먹이와 환경의 관계   3학년

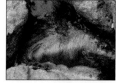
녹조류

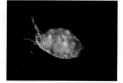
물벼룩

물고기

우렁이

왜가리

1. 햇빛은 녹조류를 잘 자라게 한다. (○ , ×)

2. 녹조류는 물벼룩, 물고기, 우렁이에게 먹힌다. (○ , ×)

3. 물고기는 왜가리를 먹는다. (○ , ×)

2 개구리의 한살이   3학년

올챙이

개구리

1. 올챙이는 꼬리와 아가미가 있다. (○ , ×)

2. 개구리는 꼬리가 없고, 아가미가 있다. (○ , ×)

3. 개구리는 앞다리부터 나온다. (○ , ×)

52쪽 정답 🐼 5 1.○ 2.× 3.○ 4.○ 5.× 6.× 7.× 8.×

기대하시라!

3 물고기의 생김새   3학년

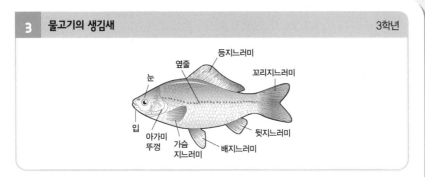

1. 물고기의 몸은 털로 덮여 있다. (○ , ×)
2. 물고기는 지느러미의 움직임에 따라 한 곳에서 머물러 있기도 하고
   앞으로 나아가기도 한다. (○ , ×)
3. 물고기는 지느러미로 숨을 쉰다. (○ , ×)

4 연못과 개울 관찰하기   4학년

연못   개울

1. 연꽃, 개구리밥 등은 연못에 사는 식물이다. (○ , ×)
2. 개울은 물의 흐름이 없다. (○ , ×)
3. 연못은 물의 흐름이 비교적 빠르다. (○ , ×)

교과서 도전 퀴즈

학교 시험에는 어떻게 나올까? 도전해봐!

정답 50쪽

---

5 땅에 사는 식물과 물에 사는 식물의 비교

4학년

질경이

부레옥잠

개구리밥

민들레

강아지풀

1. 질경이, 민들레는 땅 위에 산다. (○ , ×)

2. 강아지풀과 부레옥잠은 물에 떠 있다. (○ , ×)

3. 질경이와 부레옥잠은 뿌리, 줄기, 잎이 있다. (○ , ×)

4. 부레옥잠은 잎자루에 공기주머니가 있다. (○ , ×)

5. 개구리밥은 잎에서 기름이 나와 뜬다. (○ , ×)

6. 민들레는 개구리밥보다 가볍다. (○ , ×)

7. 강아지풀 꽃은 크고, 부레옥잠 꽃은 작다. (○ , ×)

8. 강아지풀은 꽃이 피지 않는다. (○ , ×)

50쪽 정답 🐱 **1** 1. ○ 2. ○ 3. × **2** 1. ○ 2. × 3. ×

6 물에 사는 동물과 식물　　　　　　　　　　　　4학년

물가　부레옥잠　개구리밥　생이가래　마름　　　물 위

줄　부들　갈대　수련　물수세미　붕어말　검정말　나사말　　물속

소금쟁이　물맴이　　　　물 위
잉어　붕어　게아재비
물자라　장구애비　물장군　　물속
우렁이　물방개　물땅땅이　미꾸라지

1. 소금쟁이는 물 위에 산다. (○ , ×)

2. 붕어말, 부레옥잠, 개구리밥은 물속에 사는 식물이다. (○ , ×)

3. 수련은 흙속에 뿌리를 내리고, 잎은 물 위에 나와 있다. (○ , ×)

4. 미꾸라지, 우렁이 등은 물 바닥에 산다. (○ , ×)

2 Round

바다와 생물

stage 2

● 집중탐구 퀴즈

바다란? · 바다의 특징
강과 바다 · 바다 속 현상
바다 속 지형 1 · 바다 속 지형 2
바다의 움직임 · 밀물과 썰물
갯벌 · 갯벌 생물
바다 생물 · 바다 동물
바다 젖먹이동물 · 고래
바다 파충류 · 물고기의 짝짓기

● 속담 퀴즈
● 또또 퀴즈

stage 1

● ○× 퀴즈
● 있다없다 퀴즈
● 네모 퀴즈
● 사다리 퀴즈
● 왜?왜? 퀴즈

stage 3

집중탐구 퀴즈

바다 식물 1 · 바다 식물 2

강장동물 · 극피동물

연체동물 · 해수어와 담수어

수영 1 · 수영 2

방어 · 먹이와 입

사는 곳과 생김새 · 깊이와 동물

심해 동물 · 바다의 이용

영해란? · 바다 오염

stage 4

교과서 도전 퀴즈

꿈틀 꿈틀   전복   골뱅이   굴

1 바닷물은 짠맛이 난다.

2 밀물은 바닷물이 밀려오는 것이다.

3 밀물과 썰물은 하루에 한번 생긴다.

4 바다에 사는 물개는 알을 낳는다.

5 최초의 생명체는 바다에서 살았다.

6 미역은 바다 속에 사는 식물이다.

7 바다 생물 중 가장 큰 것은 흰긴수염고래이다.

8 바다 생물이 가장 많이 사는 곳은 심해이다.

각 쪽을 잘 보고, 답을 맞춰봐. 누가 더 많이 맞췄을까……

있다없다 퀴즈

있을까? 없을까? 알쏭달쏭~~ 비밀의 문을 열어봐!

정답 59쪽

1 바다 속에 사는 뱀이 ~

있다 **없다**

2 짠물인 바다 속에는
식물이 ~

있다 **없다**

3 문어는 뼈가 ~

있다 **없다**

4 우리 나라 앞바다에서 다른
나라 배가 고기를 잡을 수 ~

있다 **없다**

5 바다를 육지로 만든
나라가 ~

있다 **없다**

6 심해에는 식물이 ~

있다 **없다**

60-61쪽 정답 ① ② ② ① ③ ② ④ ① ⑤ ② ⑥ ② ⑦ ① ⑧ ②

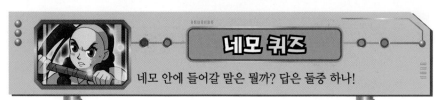

1 갯벌은 ⬜ 일때 드러난다. ············· 썰물 〉 밀물

2 지구에서 가장 넓은 바다는 ⬜ 이다. ········· 대서양 〉 태평양

3 우리 나라에서 가장 큰 섬은 ⬜ 이다. ········ 제주도 〉 독도

4 흰긴수염고래는 ⬜ 을 먹는다. ············· 크릴새우 〉 상어

5 물고기는 ⬜ 를 이용해서 떳다 가라
앉았다 한다. ········· 부레 〉 아가미

6 고래는 ⬜ 로 숨을 쉰다. ············· 아가미 〉 폐

7 바다에 사는 물고기는 ⬜ 이다. ············· 미꾸라지 〉 상어

8 바닷물이 일정한 방향으로 흐르는 것을
⬜ 라고 한다. ········· 상류 〉 해류

56쪽 정답 **1** ○ **2** ○ **3** × **4** × **5** ○ **6** ○ **7** ○ **8** ×

58

바다와 생물

1 거꾸로 매달려도 쏟아지지 않는 물은?

2 개는 개인데 입만 있는 개는?

3 벌은 벌인데 물에 잠겨도 죽지 않는 벌은?

4 고깔모자를 쓰고 물속을 다니는 것은?

5 개는 개인데 물속에서 더 빠른 개는?

6 등에 분수가 달린 것은?

7 바다 속에 사는 달은?

8 오리는 오리인데 날개가 없는 오리는?

고래

갯벌

해달

물개

조개

오징어

가오리

바다

57쪽 정답 **1** 있다 **2** 있다 **3** 없다 **4** 없다 **5** 있다 **6** 없다

왜 갈라파고스 근처의 심해만 350도 가 될까?

① 화산이 폭발하고 있어서
② 화산 구멍에서 물이 나와서

왜 배를 위로하고 누워 있을까?

① 따뜻하게 하려고
② 먹이를 찾으려고

왜 바다는 동해처럼 "해"와 태평양처럼 "양"으로 나뉠까?

① 깊이가 달라서
② 넓이가 달라서

왜 물개는 흩어져 살다가 6~7월에 바닷가에 모일까?

① 짝짓기 하려고
② 추위를 이기려고

58쪽 정답 ① 썰물 ② 태평양 ③ 제주도 ④ 크릴새우 ⑤ 부레 ⑥ 폐 ⑦ 상어 ⑧ 해류

왜 수컷 큰가시고기는 둥지 옆에서 꼼짝하지 않을까?

① 암컷을 기다리려고
② 알을 지키려고

왜 지중해는 유럽에도 있고, 아메리카에도 있을까?

① 섬이 두 개있는 바다를 말해서
② 두 개 이상의 대륙으로 둘러싸인 바다라서

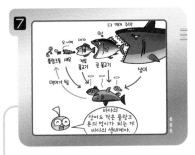

왜 새끼일 때 동물성 플랑크톤을 먹던 정어리는 자라면 식물성 플랑크톤을 먹을까?

① 이빨이 없어져서
② 아가미가 없어져서

왜 쓰레기가 바다로 떠내려가면 붉어질까?

① 산호가 많아져서
② 플랑크톤이 많아져서

59쪽 정답 **1** 바다 **2** 조개 **3** 갯벌 **4** 오징어 **5** 물개 **6** 고래 **7** 해달 **8** 가오리

집중탐구 퀴즈

문제를 잘 읽고 맞는 것을 골라봐. 쉽지 않을걸!

바다란?

산에서 웬 연기?

연기가 아니라 바다를 만든 수증기님이시다.

바다의 특징

강물은 안 짠대. 왜 바다는 짠거지?

땅의 짠 성분이 씻겨와서 그렇잖아.

1 지구는 전체 물의 97퍼센트가 바다야. 바다란 무엇일까?

① 짠물이 모여 있는 곳
② 물이 모여 있는 모든 곳
③ 산에 있는 물을 뺀 모든 물

2 바다는 45억 년 전 지구가 폭발하면서 뿜은 이것 때문에 생겼어. 이것은 무엇일까?

① 마그마   ② 가스
③ 수증기

3 폭발했던 지구가 식으면서 하늘로 올라간 수증기가 비로 내려와 바다가 생겼어. 이 비는 얼마나 오래 내렸을까?

① 약 10년 동안 ② 약 100년 동안
③ 수천 년 동안

4 지도를 보면 육지는 아메리카와 유럽처럼 떨어져 있어. 그럼 바다도 육지처럼 떨어져 있을까?

① 그럼, 떨어져 있어.
② 아니, 하나로 이어져 있어.

5 강물은 짜지 않아. 그런데 왜 강물이 모인 바다는 짤까?

① 땅의 소금 성분이 씻겨서
② 물고기가 짠 똥을 눠서
③ 밑바닥에 소금이 있어서

6 바다 중에서 더운 아열대 지방의 바다가 가장 짜. 왜 그럴까?

① 물이 빨리 증발해서
② 많은 동식물이 살아서
③ 비가 많이 와서

강과 바다

그럼 여기는 아직 강인겨?

조금만 더 가면 강과 바다가 만난대.

바다 속 현상

난 화산이 폭발하면서 만들어졌지.

난 육지가 가라앉아서 만들어졌어.

7 강물은 계곡을 따라 흐르다가 강 하류에서 바다와 만나. 다음 중 강 하류의 모습은 무엇일까?

① 물살이 세. ② 강의 폭이 넓어.
③ 큰 돌이나 자갈이 많아.

8 강물은 아무 맛도 없고, 바닷물은 아주 짜. 그럼 강과 바다가 만나는 곳의 물 맛은 어떨까?

① 짠맛이 약해. ② 아주 짜.
③ 강물과 바다의 중간 맛이야.

9 강과 바다가 만나는 곳의 물 맛은 짠 맛이 강하지 않아. 왜 그럴까?

① 바닷물이 강물보다 아래 있어서
② 바닷물이 강물보다 적어서
③ 강물이 계속 흘러 들어와서

10 네덜란드의 마우드 섬은 육지가 가라앉아서 만들어졌어. 그럼 우리 나라 제주도는 어떻게 만들어졌을까?

① 바다 속 화산이 폭발해서
② 땅의 화산이 폭발해서

11 비키니 섬은 육지가 가라앉지도, 화산이 폭발하지도 않았는데 만들어졌어. 어떻게 만들어졌을까?

① 조개껍데기가 쌓여서
② 산호 시체가 쌓여서

12 비키니 섬은 산호섬이야. 산호섬은 어떤 바다에서 많을까?

① 극지방의 추운 바다
② 열대의 따뜻한 바다
③ 소금기가 적은 바다

정답과 해설은 뒤쪽에 있어.

바다란?

바다의 특징

정답 1.① 2.③ 3.③

지구의 물은 강, 호수, 바다 같은 곳에 모여 있어요. 그 중에서도 바다에 가장 많은 물이 있어요. 바다는 짠물이 모인 곳으로, 지구 전체 물의 97.5퍼센트를 차지해요.

약 45억 년 전 점점 뜨거워진 지구가 폭발하면서 많은 가스와 수증기가 뿜어져 나왔어요. 시간이 흐른 후 지구가 식자 하늘로 올라간 수증기가 수천 년 동안 비로 내려 바다가 생겼어요. 이렇게 생긴 맨 처음 바다는 뜨겁고 신맛이 났어요.

정답 4.② 5.① 6.①

육지는 유럽과 아시아처럼 붙어 있기도 하고, 유럽과 아메리카처럼 바다를 사이에 두고 떨어져 있기도 해요. 하지만 바다는 모두 하나로 이어져 있어요.

바닷물은 짠맛이 나요. 맨 처음 바다가 생길 때부터 암석의 성분 중 물에 녹기 쉬운 염분이 씻겨 내려가 바다로 흘러들었기 때문이에요.

특히 아열대 지방의 바다는 적도 지방보다 햇볕은 약해도 물이 빨리 증발하고, 비가 적게 와서 더 짜요.

강과 바다

바다 속 현상

정답 7. ② 8. ① 9. ①

강물은 폭이 좁고 경사가 급해서 물살이 센 상류를 지나 점점 폭이 넓어지고 경사가 완만해지는 중류로 흘러요. 그러다 경사가 완만하고 강폭이 매우 넓어서 물살이 아주 약한 하류까지 흘러와 바다와 만나요.

아무 맛이 없는 강과 짠 바다가 만나는 하류의 물은 짠맛이 강하지 않아요. 소금이 섞인 바닷물이 강물보다 무거워서 강물 아래에 있기 때문이에요.

정답 10. ① 11. ② 12. ②

바다 한가운데 있는 섬이 생기는 이유는 여러 가지예요.

네덜란드의 마무드 섬처럼 육지가 가라앉으면서 높은 곳만 바다 위에 남아서 생긴 섬도 있고, 우리 나라 제주도처럼 바다 속 화산이 폭발해서 생긴 섬도 있어요. 또 서태평양의 비키니 섬처럼 원래 섬은 가라앉고 주변에 쌓인 산호 시체가 쌓여 생긴 산호섬도 있어요. 산호섬은 산호가 잘 자라는 따뜻한 열대 지방에서 많이 볼 수 있어요.

62~63쪽 정답이야.

집중탐구 퀴즈

문제를 잘 읽고 맞는 것을 골라봐. 쉽지 않을걸!

바다 속 지형 1

바다 속 지형 2

13 육지에는 편평한 평지도 있고 높은 산도 있어. 그럼 바다에도 있을까?

① 그럼, 바다에도 있어.
② 아니, 바다에는 없어.

14 육지에서 산봉우리가 이어져 있는 곳을 산맥이라고 해. 그럼 바다 속의 산이 이어져 산맥을 이루는 것을 뭐라고 할까?

① 해안   ② 해령   ③ 해맥

15 육지에서 가장 긴 산맥은 안데스 산맥이야. 그럼 바다에서 가장 긴 해령은 무엇일까?

① 마리아나 해령
② 대서양 중앙 해령
③ 동태평양 해령

16 육지와 맞닿아 있는 바다 밑의 땅은 경사가 완만하고 수심도 깊지 않아. 이런 바다 속 땅을 뭐라고 할까?

① 대륙붕   ② 대륙사면
③ 해산

17 바다 밑에는 좁고 길게 파인 계곡 모양의 해구가 있어. 해구 중에서도 깊이 팬 곳을 뭐라고 할까?

① 해안   ② 해연
③ 해령

18 세계 거의 모든 바다의 깊이와 밑 바닥 모양이 밝혀졌어. 어떻게 바다 속 모양을 밝혀 냈을까?

① 잠수부가 직접 내려가서
② 초음파와 레이저를 쏴서
③ 돌고래에게 측정기를 달아서

바다의 움직임

난 따뜻한 난류가 좋아.

맞아! 한류는 너무 차가워.

밀물과 썰물

물고기 더 잡아야 하는데 물이 벌써 빠져버렸네.

하루에 두 번 물이 들어오니 기다려.

19 바닷물이 일정한 방향으로 흐르는 해류는 왜 생길까? (답은 2개)

① 바람이 불어서 ② 비가 내려서
③ 바다마다 온도와 소금의 양이
　달라서

20 해류는 전 세계를 흐르고 있어. 해류는 지구에 어떤 영향을 줄까?

① 지구의 열을 고루 섞어.
② 바람의 방향을 바꿔.
③ 육지의 모양을 바꿔.

21 난류는 따뜻한 해류를 말해. 난류는 어떤 방향으로 흐를까?

① 극지방에서 적도로
② 적도에서 극지방으로
③ 남극에서 북극으로

22 우리 나라가 밀물일 때 우리 나라 반대편 나라인 우루과이의 바다는 어떨까?

① 밀물이야.
② 썰물이야.
③ 아무 일도 일어나지 않아.

23 밀물 중 바닷물의 높이가 가장 높을 때는 사리라고 해. 그럼 썰물 중 바닷물의 높이가 가장 낮을 때를 뭐라고 할까?

① 사금　② 실금　③ 조금

24 바닷물이 육지로 들어왔다 나가는 밀물과 썰물은 하루에 두 번 생겨. 밀물과 썰물은 왜 생기는 걸까? (답은 2개)

① 달이 끌어당기는 힘 때문에
② 지구가 도는 힘 때문에
③ 달이 도는 힘 때문에

정답과 해설은 뒤쪽에 있어.

집중탐구 퀴즈 정답 & 해설

바다 속 지형 1

바다 속 지형 2

정답 13. ① 14. ② 15. ②

바다 속에도 육지처럼 편평한 넓은 평지도 있고, 움푹 파인 해분도 있어요. 또 에베레스트 산보다 더 깊은 계곡 같은 곳도 있어요. 반대로 낮은 언덕이나 산 같은 높은 곳도 있어요. 바다 속 산이 이어져 해령을 이루기도 해요.

가장 긴 해령은 북극해에서 남극해 끝까지 이어진 대서양 중앙 해령이에요. 길이는 육지에서 가장 긴 안데스 산맥보다 더 긴 1만 1,300킬로미터예요.

정답 16. ① 17. ② 18. ②

대륙붕은 육지와 연결되어 있는 바다 속 지형으로, 깊이가 200미터를 넘지 않고 편평해요. 보통 바닷가 육지의 지형이 완만하면 대륙붕이 넓고, 경사가 급하면 대륙붕이 좁아요.

해구는 계곡처럼 바닥이 좁고 움푹 들어간 곳으로, 가장 깊은 곳은 약 1만 1,000미터 이상이에요. 이 중 특히 깊은 곳을 해연이라고 해요.

바다의 깊이와 모양은 초음파와 레이저 같은 첨단 기술을 이용해 밝혀냈어요.

바다의 움직임

밀물과 썰물

정답 **19.**①, ③ **20.**① **21.**②

바닷물이 일정한 방향과 속도로 흐르는 것을 해류라고 해요. 바다 윗부분의 해류는 바람에 의해 생기고, 바다 속 깊은 부분의 해류는 바닷물의 온도와 염도의 차이 때문에 생겨요. 해류는 지구의 열을 골고루 섞어 줘요. 난류는 적도에서 극지방으로 흘러서, 한류는 반대로 극지방에서 적도로 흘러서 지구의 열을 섞어요. 해류는 바다 속을 너비 100킬로미터 이상, 길이 수백에서 수천 킬로미터 이상으로 흘러요.

정답 **22.**① **23.**③ **24.**①, ②

바닷가에는 하루에 두 번 바닷물이 육지로 들어오는 밀물과 나가는 썰물이 생겨요. 특히, 바닷물이 가장 많이 밀려올 때를 사리, 가장 많이 나갈 때를 조금이라고 해요.
밀물과 썰물은 달이 바닷물을 끌어당기는 힘과 지구가 도는 힘이 서로 작용해서 생겨요. 달이 우리 나라 쪽에 있으면 달이 잡아당기는 힘 때문에 밀물이 돼요. 한편 반대편 우루과이는 달이 잡아당기려는 힘에서 벗어나려고 밀물이 돼요.

66-67쪽 정답이야.

집중탐구 퀴즈

문제를 잘 읽고 맞는 것을 골라봐. 쉽지 않을걸!

갯벌

이곳 갯벌을 막아서 땅을 만든대.

그럼, 갯벌에 사는 조개, 낙지는 어쩐대?

갯벌 생물

음냐 음냐 모래 속에 먹이가 최고라니까.

왜 자꾸 모래를 먹고 뱉어내. 더럽게.

25 썰물일 때 갯벌이 드러나. 갯벌은 어떻게 만들어진 걸까? (답은 2개)

① 화산 폭발로 바다 속 땅이 올라와서
② 강물의 흙이 바다로 쓸려와서
③ 바닷물이 오가며 흙을 쌓아서

26 갯벌에는 조개, 망둥이, 낙지 같은 많은 생물이 살아. 왜 그럴까?

① 산소와 영양분이 많아서
② 숨을 장소가 많아서
③ 적이 살지 않아서

27 갯벌은 우리에게 조개나 게 같은 많은 먹을거리를 줘. 또 어떤 일을 할까?
(답은 2개)

① 바다를 넓혀 줘.
② 홍수을 막아 줘.
③ 오염 물질을 걸러내.

28 엽낭게는 갯벌의 모래를 먹고 작은 덩어리로 뱉어 내. 왜 그럴까?

① 모래 속 먹이를 먹으려고
② 모래 속 물을 마시려고
③ 모래 속 공기를 먹으려고

29 갯벌 위에서 게가 거품을 뿜을 때가 있어. 왜 거품을 뿜는 걸까?

① 적을 위협하려고
② 먹이의 찌꺼기를 뱉으려고
③ 아가미를 촉촉하게 하려고

30 말뚝망둑어는 갯벌 위를 뛰어다니는 물고기야. 어떻게 뛰어 다닐까?

① 머리로 몸을 받치고 꼬리지느러미로 땅을 굴러서
② 배지느러미로 몸을 받치고 가슴지느러미로 땅을 굴러서

바다 생물

우리도 바다 속에도 산소를 만들어 준다고.

와~ 바다 속에도 식물이 있네?

바다 동물

우린 아가미에 짠물을 걸러내는 곳이 있어.

짠물을 많이 먹으면 죽을 수도 있다던데…

31 최초의 생명체는 바다에 살았어. 어떤 생명체가 살았을까?

① 피라미 같은 작은 물고기

② 해파리 같은 뼈 없는 동물

③ 박테리아 같은 단세포 생물

32 육지에선 식물이 산소를 만들고 초식 동물의 먹이가 돼. 바다 식물도 그럴까?

① 그럼, 바다 식물도 같아.

② 아니, 바다 식물은 달라.

33 열대 지방의 땅에 지구에서 가장 많은 육지 생물이 살아. 열대 지방에 가장 많은 바다 생물이 살까?

① 그럼, 열대 바다에 가장 많이 살아.

② 아니, 북극 바다에 더 많이 살아.

34 바다에 지구의 생물이 가장 많이 살아. 바다 중에서도 어느 곳에 가장 많이 살까?

① 해령   ② 대륙붕

③ 심해

35 우리는 짠 바닷물을 많이 마시면 죽지만 바닷물고기는 죽지 않아. 왜 그럴까?

① 물을 먹지 않아서

② 아가미로 짠물을 걸러내서

③ 비늘로 짠물을 걸러내서

36 남극은 빙하로 덮인 추운 곳이야. 남극의 바다에 사는 동물은 왜 얼어 죽지 않을까?

① 얼지 않는 단백질이 있어서

② 얼지 않는 피가 있어서

③ 열을 내는 비늘이 있어서

정답과 해설은 뒤쪽에 있어.

집중탐구 퀴즈 정답 & 해설

갯벌

갯벌 생물

정답 25.②, ③ 26.① 27.②, ③

갯벌은 아주 오랫동안 육지로부터 강물을 통해 쓸려 온 흙과 바닷물이 오가면서 쌓인 흙으로 만들어졌어요. 물이 드나들면서 수시로 산소가 공급되고, 바다와 땅의 영양분이 풍부하게 흘러들어요. 그래서 갯벌에는 게, 조개, 망둥이, 낙지 등과 같은 생물이 많아요.

갯벌은 우리에게 먹을거리를 줄 뿐만 아니라 홍수나 태풍 때 물의 흐름을 늦추고 저장해서 물의 양을 조절해요. 또 갯벌 속 미생물은 육지에서 흘러든 오염 물질을 걸러 줘요.

정답 28.① 29.③ 30.②

엽낭게는 갯벌 위에서 집게다리로 모래를 입에 넣은 뒤 먹이를 골라먹고 모래만 뱉어요. 그래서 엽낭게가 사는 구멍 주위엔 작은 모래 덩이가 많아요.

게는 아가미가 마르면 숨을 쉬지 못해요. 그래서 아가미가 마르기 전에 입 끝 양쪽의 구멍으로 거품을 뿜어서 아가미를 촉촉하게 해요.

말뚝망둑어는 짧은 배지느러미로 몸을 받치고, 긴 가슴지느러미로 땅을 굴러서 갯벌 위를 뛰어다녀요.

바다 생물

바다 동물

정답 **31.** ③ **32.** ① **33.** ①

육지보다 바다에 더 많은 생물이 살아요. 최초 생명체도 바다에서 생겨났어요. 죽처럼 생긴 코아세르베이트가 지구에 산소를 만든 후 단세포 동물인 시아노 박테리아가 생겨났어요.

바다에도 육지처럼 식물이 있어요. 이 식물이 산소를 만들고, 바다 동물의 먹이가 돼요. 바다 중에서도 열대 바다에서 가장 많은 바다 생물이 살아요. 햇빛이 잘 들어서 바다 식물과 플랑크톤이 많고, 이것들을 먹고 사는 바다 동물이 많기 때문이에요.

정답 **34.** ② **35.** ② **36.** ①

바다에 지구에서 가장 많은 생물이 살아요. 식물은 약 1만 5천 종, 동물은 약 15만 2천 종이 살아요. 바다 중에서도 햇빛이 잘 들고 영양분이 풍부한 대륙붕에 가장 많아요.

우리는 짠 바닷물을 많이 마시면 몸의 물이 빠져나가 죽어요. 하지만 바닷물고기는 아가미에 짠물을 걸러내는 곳이 있어 죽지 않아요.

남극처럼 아주 추운 곳에 사는 물고기나 펭귄 같은 바다 동물은 몸 속에 얼지 않는 단백질이 있어서 살수 있어요.

70~71쪽 정답이야.

집중탐구 퀴즈

문제를 잘 읽고 맞는 것을 골라봐. 쉽지 않을걸!

바다 젖먹이동물

가끔 폐로 숨쉬는 걸 잊어버려 큰일이야.

새끼 낳고 기억력이 떨어졌군요.

고래

선생님! 이가 아파서 오징어 씹기가 힘들어요.

충치가 3개나 있어요.

37 바다에도 개나 고양이처럼 젖먹이동물이 살아. 다음 중 바다에 사는 젖먹이동물은 누구일까? (답은 2개)

① 물개　　　② 상어
③ 고래

38 바다에 사는 젖먹이동물은 물고기처럼 아가미로 숨을 쉴까, 개나 고양이처럼 폐로 숨 쉴까?

① 물고기처럼 아가미로
② 고양이처럼 폐로

39 물개는 바닷가 땅 위에서 새끼를 낳아. 그럼 고래도 그럴까?

① 그럼, 바닷가 땅 위에서 낳아.
② 아니, 물속에서 낳아.

40 고래는 잠을 잘 때 한쪽 뇌는 깨어 있어. 왜 그럴까?

① 숨을 쉬려고
② 먹이를 먹으려고
③ 적의 공격을 막으려고

41 흰긴수염고래는 입에 수염이 있어. 이 수염은 어떻게 생겨났을까?

① 위턱의 피부가 변해서
② 아가미가 변해서
③ 이빨이 변해서

42 돌고래는 이빨로 오징어, 게 등을 씹어 먹어. 그럼 흰긴수염고래는 무엇으로 크릴새우를 걸러 먹을까?

① 털　　　② 수염
③ 입술

바다 파충류

나에겐 피부가 있잖아. 걱정마.

거북아! 넌 아가미도 없는데 어떻게 숨을 쉬니?

물고기의 짝짓기

암컷이 죽었으니 내가 암컷이 되야지.

43 바다에 사는 바다거북은 아가미가 없어. 바다 속에선 어떻게 숨을 쉴까?

① 등딱지에 공기를 저장해서
② 물을 마시고 뱉어서
③ 피부로

44 독이 있는 바다뱀은 바다 위에 올라와 숨을 쉬어. 그럼 독이 없는 바다뱀은 어떻게 숨을 쉴까?

① 바다 속에서 아가미로
② 바다 속에서 피부로

45 바다거북은 눈꼬리에서 짠물을 걸러 내. 그럼 바다뱀은 어디로 짠물을 걸러 낼까?

① 아가미　　② 혀 밑
③ 피부

46 수컷 큰가시고기는 짝짓기 시기가 되면 암컷을 유혹해. 어떻게 유혹할까?

① 먹이를 잡아 줘.
② 몸을 크게 부풀려.
③ 화려한 춤을 춰.

47 흰동가리는 암컷 한 마리와 수컷 여러 마리가 함께 살아. 그럼 암컷이 죽으면 어떻게 될까?

① 수컷도 죽어. ② 다른 암컷을 찾아.
③ 힘센 수컷이 암컷이 돼.

48 심해의 초롱아귀는 암컷과 수컷이 한 몸이 되어 짝짓기를 해. 어떻게 한 몸이 될까?

① 암컷이 수컷을 먹어서
② 수컷이 암컷을 먹어서
③ 수컷이 암컷을 물어서

정답과 해설은 뒤쪽에 있어.

집중탐구 퀴즈 정답 & 해설

바다 젖먹이동물

고래

정답 37. ①, ③ 38. ② 39. ②

바다엔 고래류, 물개류 외에도 듀공, 메너티와 같은 해우류와 바다수달 같은 많은 젖먹이동물이 살아요. 바다의 젖먹이동물은 새끼를 낳아 젖을 먹여 키워요. 또 개와 고양이 같은 육지 동물처럼 폐로 숨을 쉬어서, 물 위로 올라와 숨을 쉬어요. 물개처럼 바닷가 근처의 땅과 바닷물을 오가며 사는 젖먹이동물은 새끼를 바닷가 땅 위에서 낳아요. 하지만 바다에서만 사는 고래는 바다 속에서 새끼를 낳아요.

정답 40. ① 41. ① 42. ②

고래는 폐로 숨을 쉬어요. 그래서 잠을 잘 때도 기공을 물 위로 내 놓고 두 개의 뇌가 번갈아 잠을 자요. 고래는 돌고래처럼 이빨이 있는 이빨고래와 흰긴수염고래처럼 입에 수염이 있는 수염고래로 나뉘어요. 수염고래도 태아 때는 이빨이 있다가 태어나면서 사라지고 위턱의 피부가 수염으로 변해요. 이빨고래는 주로 오징어, 게 등을 이빨로 씹어 먹고 수염고래는 크릴새우, 플랑크톤 등을 수염으로 걸러 먹어요.

바다 파충류

물고기의 짝짓기

정답 43. ③ 44. ② 45. ②

바다 파충류는 아가미가 없어요. 바다거북은 땅 위에서는 폐로, 바다 속에서는 피부로 숨을 쉬어요. 독이 있는 바다뱀은 물 위에서 폐로 숨을 쉬어요. 하지만 독이 없는 바다뱀은 바다 속에서 피부로 숨을 쉬어요. 그래서 독이 있는 뱀은 바닷가 모래밭에 알을 낳고, 독이 없는 바다뱀은 바다 속에 알을 낳아요.

바다 파충류도 짠물을 걸러 내는 곳이 있어요. 바다거북은 눈꼬리에, 바다뱀은 혀 밑에 있어요.

정답 46. ③ 47. ③ 48. ③

수컷 큰가시고기는 짝짓기 시기에 화려한 춤을 춰서 암컷을 유혹해요. 흰동가리는 암컷 한 마리와 수컷 여러 마리가 함께 살아요. 암컷은 가장 힘센 수컷과 짝짓기를 해요. 만약 암컷이 죽으면 가장 힘센 수컷이 암컷으로 변해요.

수컷 초롱아귀는 짝짓기 시기에 크기가 10배 정도 되는 암컷의 배를 물어요. 그러면 수컷의 점점 몸이 암컷과 한 몸이 되어 짝짓기를 해요.

74-75쪽 정답이야.

속담퀴즈 열쇠를 찾아봐. 속담이 보일거야.

■■에 든 고기 신세

➡ 이미 잡힌 몸이 되어 벗어날 수 없는 신세

■■이 많으면 배가 산으로 간다.

➡ 한가지 일에 많은 사람이 참견하면 그 일이 엉망이 된다.

바다에 뜬 ■

➡ 홀로 외롭게 떨어져 있는 존재

만경창파에 ■ 밑 뚫기

➡ 인정 없고 무도하여 매우 심통 사나운 짓
(만경창파 : 한없이 넓은 바다)

산에서 ■■■ 구하기

➡ 도저희 불가능한 일을 하려는 어려움

물고기   배   섬

사공   그물

쉬어가기

또또퀴즈

정답 125쪽

오이, 우산, 연필, 구두, 단추를 찾아야해. 시작~!

과연~ 만만치 않을걸?

33쪽 정답 ❻

또또 퀴즈~ 정말 재미있다. 어디 어디 숨었을까?

Round 2 바다와 생물 · 79

바다 식물 1

와! 예쁘다. 그 붉은 건 뭐야?

꽃 몰라? 너흰 꽃 안피워서 모르는 구나.

바다 식물 2

나 김님은 파래보다 깊은 바다에 사니까 그렇지.

파래는 색이 파랑던데… 넌 왜 붉어?

49 육지의 식물은 물과 햇빛, 공기로 영양분을 만들어 먹고 살아. 그럼 짠 바다에 사는 식물도 그럴까?

① 그럼, 살지.
② 아니, 살지 않아.

50 바다 식물은 대부분 꽃을 피우지 않아. 그럼 어떻게 자손을 퍼뜨릴까?

① 홀씨를 퍼뜨려서
② 줄기를 두 개로 나눠서
③ 뿌리를 두 개로 나눠서

51 바다 식물 중 잘피 같은 식물은 해초류라고 하고, 미역 같은 식물은 해조류라고 해. 뭐가 다른 걸까?

① 키가 크고, 작고
② 뿌리가 있고, 없고
③ 꽃이 피고, 피지 않고

52 짠 바닷물을 꽃과 나무에 주면 죽어. 그런데 바다 식물은 어떻게 살까?

① 바닷물을 흡수하지 않아서
② 소금을 물로 바꿔서
③ 소금기를 빨리 내보내서

53 같은 바다에 사는 파래는 푸른색이고 미역은 갈색이야. 왜 그럴까?

① 사는 곳의 바닷물 색이 달라서
② 사는 곳의 깊이가 달라서
③ 사는 곳의 소금의 양이 달라서

54 얕은 바다엔 파래 같은 녹색 식물이 살아. 그럼 깊은 바다엔 어떤 식물이 살까?

① 미역 같은 갈색 식물
② 김 같은 붉은 식물
③ 청각 같은 파란 식물

강장동물

바닥에 붙어있어서 어떻게 사냥을 하니? 배고 프겠다.

걱정은 산호님의 촉수의 독 맛을 보면 그런 말 못 할걸?

극피동물

음냐음냐 맛있다.

55 산호의 몸은 원통 모양으로 속이 텅 비어 있고, 위에는 촉수가 달려 있어. 이런 몸의 모양을 뭐라고 할까?

① 폴립   ② 폴더
③ 풀립

56 산호는 대부분 바닥에 붙어 있어. 그럼 먹이를 어떻게 잡을까?

① 촉수로 유혹해서
② 촉수로 휘어 감아서
③ 촉수로 독을 쏴서

57 산호처럼 몸이 텅 빈 강장으로 이루어진 동물을 강장동물이라고 해. 다음 중 강장동물은 누구일까? (답은 2개)

① 해파리   ② 말미잘
③ 조개

58 가시로 덮여 있는 성게의 몸은 아래쪽이 배고, 위쪽이 등이야. 그럼 성게의 입과 항문은 어디에 있을까?

① 입은 등에, 항문은 배에
② 입은 배에, 항문은 등에

59 성게는 미역이나 바위에 붙어 사는 작은 동물을 먹고살아. 어떻게 먹을까?

① 이빨로 갉아서
② 위액으로 녹여서
③ 가시로 쪼개서

60 성게처럼 피부에 가시가 있고, 몸이 방사대칭형인 동물을 극피동물이라고 해. 다음 중 극피동물은 누구일까? (답은 2개)

① 바다나리   ② 전복
③ 해삼

정답과 해설은 뒤쪽에 있어.

집중탐구 퀴즈 정답 & 해설

바다 식물 1

정답 49.① 50.① 51.③

미역이나 파래 같은 바다 식물도 육지 식물처럼 바다 동물의 먹이가 되고, 광합성을 해서 산소를 만들어 바다 동물이 숨 쉬게 해요.

바다 식물은 해초류와 해조류로 나뉘어요. 다시마, 미역, 톳 같은 해조류는 꽃을 피우지 않고, 홀씨로 번식해요. 하지만 잘피, 거북말 같은 해초류는 꽃을 피워 번식해요.

해초류는 대부분 암꽃과 수꽃이 따로 피면서 밀물과 썰물을 이용해 꽃가루를 옮겨요.

바다 식물 2

정답 52.③ 53.② 54.②

육지 식물은 짠물을 흡수하면 죽어요. 하지만 바다 식물은 잎으로 짠물을 흡수해 빨리 내보낼 수 있어서 죽지 않아요.

바다 식물은 깊이에 따라 색이 달라요. 얕은 바다에는 녹색을 띠는 파래, 청각, 톳 같은 식물이 자라고, 약간 깊은 바다엔 갈색을 띠는 미역, 모자반, 감태 같은 갈조류가 자라요. 또 깊은 바다에는 붉은색을 띠는 김, 우뭇가사리, 꼬시래기 같은 홍조류가 자라요.

강장동물

극피동물

정답 55. ① 56. ③ 57. ①, ②

산호의 폴립형 몸엔 강장이라는 텅 빈 곳이 있어요. 강장은 먹이를 소화, 흡수하는 위의 역할과 산소를 공급하는 혈관 역할을 해요.

산호는 작은 생물이 촉수에 닿으면 독침으로 마비시킨 후 입으로 밀어 넣어요. 그리고 남은 찌꺼기는 입으로 다시 뱉어 내요.

산호처럼 몸에 텅 빈 강장이 있고, 소화 기관과 신경 기관이 따로 없는 동물을 강장동물이라고 해요. 말미잘, 해파리도 강장동물에 속해요.

정답 58. ② 59. ① 60. ①, ③

성게의 동그란 몸은 가시로 덮여 있어요. 입 주위의 가시가 변한 이빨로 바다 식물이나 바위에 붙어 사는 작은 동물을 갉아 먹어요. 그래서 입이 아랫부분인 배에 있고, 항문은 윗부분인 등에 있어요. 움직일 땐 가시 사이의 관족과 가시를 사용해요.

성게처럼 피부에 가시가 있고, 몸이 방사대칭형인 동물을 극피동물이라고 해요. 바다나리뿐만 아니라 가시는 없지만 몸이 대칭을 이룬 해삼과 불가사리도 극피동물이에요.

연체동물

뼈가 없으니깐 그렇지.

흐물흐물 왜 이렇게 흐물거리냐?

해수어와 담수어

앗! 바다에 사는 연어가 계곡에 어쩐일?

놀라지 마세요. 알 낳으러 온 것 뿐이에요.

61 오징어는 끈처럼 생긴 치설로 먹이를 먹어. 치설로 어떻게 먹을까?

① 훑어서　　② 씹어서

③ 빨아서

62 오징어는 평소엔 지느러미와 다리로 유유히 헤엄쳐. 그러다 적이 나타나면 어떻게 헤엄칠까?

① 지느러미를 펼쳐서

② 물을 뿜어서　③ 다리를 돌려서

63 오징어나 문어는 뼈가 없고 살이 부드럽고 연해. 이런 동물을 뭐라고 할까?

① 연체동물

② 연동동물

③ 무뼈동물

64 강에 사는 물고기는 바다에 오래 있으면 죽어. 왜 그럴까?

① 물 온도가 맞지 않아서

② 먹이가 맞지 않아서

③ 몸의 물이 빠져 나와서

65 바닷물고기의 오줌은 강에 사는 물고기 오줌보다 양이 적고 진해. 왜 그럴까?

① 방광이 작아서

② 물을 먹지 않아서

③ 오줌에 물이 적게 들어 있어서

66 바다에 살던 연어는 알을 낳을 때가 되면 강으로 가. 그럼 강에 살다가 알을 낳을 때 바다로 가는 동물은 다음 중 누구일까?

① 뱀장어　　② 붕어

③ 메기

수영 1

헤엄은 나비처럼 우아하게…

와! 펄럭펄럭 거리면서 움직이네.

수영 2

부레가 없어서 그래. 누가 부레 좀 만들어줘~

왜 쉬지않고 움직이는 거야? 힘들지 않아?

67 개는 다리를 움직여서 앞으로 나가. 다리가 없는 물고기는 어떻게 나갈까?

① 입으로 물을 뿜어서
② 꼬리지느러미를 움직여서
③ 가슴지느러미를 움직여서

68 가오리는 꼬리지느러미를 움직이지 않고 어떻게 헤엄칠까?

① 양쪽 지느러미를 펄럭여서
② 머리를 흔들어서
③ 입으로 물을 뿜어서

69 실처럼 가는 실고기는 꼬리지느러미가 아주 짧아. 어떻게 앞으로 나아갈까?

① 몸을 곧추세워서
② 몸을 뱅뱅 돌려서
③ 몸을 다른 물고기에 감겨서

70 물고기는 부레를 이용해 떴다 가라앉았다 해. 부레를 어떻게 하는 걸까?

① 물을 넣었다 빼.
② 공기를 넣었다 빼.
③ 먹이를 넣었다 빼.

71 상어는 부레가 없어. 그럼 어떻게 뜨고 가라앉을까?

① 입에 공기를 모아서
② 꼬리에 기체를 모아서
③ 쉬지 않고 헤엄쳐서

72 가자미는 새끼일 때는 부레가 있다가 자라면서 퇴화돼. 왜 그럴까?

① 뼈에 기체를 넣어서
② 피부에 기름이 생겨서
③ 바다 밑바닥에 살아서

정답과 해설은 뒤쪽에 있어.

집중탐구 퀴즈 정답&해설

연체동물

해수어와 담수어

정답 61. ① 62. ② 63. ①

오징어는 다리 옆 두 개의 촉수로 작은 물고기나 새우, 게 등을 잡아요. 그런 다음 입 속에 가로로 줄지어 겹쳐 있는 끈 모양의 치설로 먹이를 훑어 먹어요.

오징어는 평소엔 지느러미와 다리로 헤엄쳐요. 그러다 적이 나타나면 몸 속의 물을 배 쪽 깔때기로 뿜어서 재빨리 달아나요.

오징어나 조개처럼 뼈가 없고 살이 연한 동물을 연체동물이라고 해요. 육지의 달팽이도 연체동물이에요.

정답 64. ③ 65. ③ 66. ①

강에 사는 물고기가 짠 바다로 오면 몸 속 물이 빠져나와 죽게 돼요. 또 바닷물고기가 강물로 가면 몸 속이 짜서 강물이 몸 안으로 들어가서 죽게 되고요.

바닷물고기는 오줌을 만들 때 물을 최대한 재흡수해요. 그래서 오줌의 양이 적고 색도 진해요.

강에 사는 뱀장어는 알을 낳을 때가 되면 신장이 소금기를 제거하는 기능이 강해져요. 그래서 바다에 와서 알을 낳아요.

수영 1

홍어랑 가오리 헤엄치는 게 꼭 나비 같아.

오징어도 다리랑 귀를 움직이면서 헤엄치던데!

←홍어

오징어→

가오리

쳇, 귀가 아니라 지느러미 라고.

수영 2

자면서도 헤엄쳐서 너무 힘들어.

줄려

부레가 없으니 열심히 헤엄쳐야 해.

그럼 나처럼 바닥에 살아. 그럼 부레가 없어도 안 힘든데!

ㅋㅋ

정답 67.② 68.① 69.①

상어나 참치 같은 바닷물고기는 꼬리지느러미를 왼쪽 오른쪽으로 흔들어 앞으로 나가요. 하지만 가오리나 홍어처럼 몸이 납작한 바닷물고기는 양쪽 지느러미를 펄럭여서 앞으로 나아가요.

실고기는 실처럼 몸이 가늘어요. 등지느러미는 흔적만 남아 있고, 꼬리지느러미는 아주 짧아요. 그래서 실고기는 몸을 곧추세워 앞으로 나가고, 머리를 위로 해 S(에스)자 모양으로 움직여 오르락내리락해요.

정답 70.② 71.③ 72.③

물고기는 물속에 녹아 있는 공기를 아가미로 걸러서 부레에 넣었다 빼면서 떴다 가라앉아요.

하지만 상어, 가오리, 홍어 같은 물고기는 부레가 없어요. 그래서 쉬지 않고 지느러미를 움직여 떴다 가라앉아요. 또 뼈는 가벼운 물렁뼈로 이루어져서 쉽게 뜰 수 있어요.

가자미는 새끼일 때는 부레가 있다가 자라면서 부레가 퇴화돼요. 바다 밑바닥에서 생활하면서 떴다 가라앉을 필요가 없기 때문이에요.

84-85쪽 정답이야.

집중탐구 퀴즈

문제를 잘 읽고 맞는 것을 골라봐. 쉽지 않을걸!

방어

적이 나타 났다. 어서 빙빙 돌자.

근데 적이 안보이는데.. 잘못된 정보 아냐?

먹이와 입

아~ 입이 앵무새 부리처럼 생겼네.

이빨이 통으로 붙어서 그래.

---

73 보통 물고기의 등은 바다 색과 같은 파란색이야. 그럼 배는 어떤 색일까?

① 바다처럼 파란색
② 하늘처럼 하늘색
③ 구름처럼 하얀색

74 작은 물고기들은 떼를 지어 다니다가 적이 나타나면 빙빙 돌아. 왜 그럴까?

① 적을 공격하려고
② 적을 어지럽히려고
③ 다른 물고기를 부르려고

75 가자미는 바다 밑바닥에 살아. 그럼 적이 오면 어떻게 할까?

① 모래 속으로 들어가.
② 몸을 말아 돌인 척해.
③ 몸을 흔들어 친구를 불러.

76 앵무고기는 부리 모양의 이빨로 산호를 긁어 먹어. 부리 모양의 이빨은 어떻게 생겨났을까?

① 이빨 붙어서 ② 조개가 붙어서
③ 머리뼈가 앞으로 나와서

77 흰긴수염고래는 수염으로 먹이를 잡아. 어떻게 잡을까?

① 그물처럼 던져서
② 미끼처럼 흔들어서
③ 물을 마신 후 먹이를 걸러 내서

78 이 물고기는 뾰족한 입으로 물을 뿜어서 물 밖의 곤충을 잡아. 이 물고기는 누구일까?

① 물총고기   ② 물놀래미
③ 날치

88

사는 곳과 생김새

와~ 니들은 산호보다 더 화려한 거 같다.

적의 눈에 잘 안 띄려고 산호처럼 화려한 거야.

깊이와 동물

여기가 바로 바다속 지상낙원 대륙붕

경사도 완만하고, 먹을 것도 많고…

79 산호 주변에 사는 솔베감펭의 색은 화려해. 그럼 바다 밑바닥에 사는 가자미는 무슨 색일까?

① 황토색   ② 흰색

③ 붉은색

80 바위 주변에 사는 물고기는 세로로 납작해. 왜 그럴까?

① 바위 틈을 잘 다니려고

② 적의 눈에 띄지 않으려고

③ 헤엄을 잘 치려고

81 바다 밑바닥에 사는 넙치는 납작해. 왜 그럴까?

① 물이 아래에서 밀어서

② 물이 위에서 눌러서

③ 물 흐름이 빨라서

82 바다 표면을 둥둥 떠다니며 사는 이것은 작은 물고기의 먹이가 돼. 이것은 무엇일까?

① 플랑크톤   ② 해캄

③ 해조류

83 왜 깊이가 200미터를 넘지 않는 대륙붕엔 가장 많은 바다 생물이 살까?

① 물이 깨끗해서

② 햇빛이 잘 들어서

③ 바람이 많이 불어서

84 심해는 빛이 들지 않는 아주 깊은 바다야. 심해에는 어떤 바다 생물이 살까?

① 동물만 살아.

② 식물만 살아.

③ 아무것도 살지 않아.

정답과 해설은 뒤쪽에 있어.

집중탐구 퀴즈 _{정답 & 해설}

방어

먹이와 입

정답 73. ② 74. ② 75. ①

보통 바닷물고기의 등은 물 밖의 바다새를 피하기 위해 바다와 같은 파란색이에요. 하지만 배는 바다 속의 큰 물고기를 피하기 위해 하늘과 같은 하늘색이에요.

정어리처럼 작은 물고기들은 떼를 지어 다니다 적이 나타나면 양쪽으로 갈라져요. 그러곤 적이 무엇을 잡을지 머뭇거리는 사이 도망가요.

가자미나 가오리는 바다 밑바닥에 살아요. 적이 오면 재빨리 모래 속으로 파고 들어요.

정답 76. ① 77. ③ 78. ①

앵무고기는 통으로 붙은 이빨로 딱딱한 산호를 긁어 먹어요. 그래서 입 모양도 새의 부리처럼 뾰족해요.

흰긴수염고래는 작은 크릴새우만 먹고 살아요. 바닷물을 들이마신 후 입에 난 긴 수염을 닫아 물은 내보내고 크릴새우를 걸러 내요.

강과 바다에 모두 사는 물총고기는 입으로 물을 쏴서 물 밖의 곤충을 잡아먹어요. 그래서 입은 물총처럼 뾰족하고, 입천장에 길게 홈이 파여 있어요.

사는 곳과 생김새

깊이와 동물

정답 79.① 80.① 81.②

바다 동물의 생김새는 사는 곳에 따라 다양해요.

화려한 산호 주변에 사는 흰동가리나 솔베감펭은 적의 눈을 피하기 위해 산호처럼 화려해요. 또 두동가리돔처럼 주로 바위 틈에 사는 물고기는 바위 틈을 잘 다닐 수 있게 몸이 세로로 납작해요. 바다 밑바닥에 사는 가자미나 넙치는 바닷물이 누르는 힘 때문에 가로로 납작해요. 그리고 적에게 잘 안보이려고 위해 밑바닥 색과 같은 황토색이에요.

정답 82.① 83.② 84.①

바다 표면엔 작은 플랑크톤이 살아요. 광합성을 하는 식물성 플랑크톤은 바다 표면에서만 살지만, 동물성 플랑크톤은 바다 표면뿐 아니라 바다 깊은 곳에서도 살아요.

깊이가 200미터를 넘지 않는 대륙붕엔 가장 많은 바다 생물이 살아요. 햇빛이 잘 들어 따뜻하고, 플랑크톤 같은 먹이가 풍부하기 때문이에요. 반대로 아주 깊은 심해엔 햇빛이 들지 않아 광합성을 해야 하는 식물은 살지 않고, 동물만 살아요.

88-89쪽 정답 이야.

집중탐구 퀴즈

문제를 잘 읽고 맞는 것을 골라봐. 쉽지 않을걸!

 심해 동물

와~ 반짝반짝 정말 예쁘다.

으흐흐 어서 와라! 맛있게 먹어주지.

 바다의 이용

캬~ 파도다~ 너무 멋지다.

나 파도님을 이용해 전기도 만들 수 있다고.

85 귀신고기는 한번 문 먹이는 절대 놓치지 않아. 왜 그럴까?

① 이빨이 두 겹이어서
② 이빨이 두꺼워서
③ 이빨이 안쪽으로 구부러져서

86 심해 동물은 대부분 몸에서 빛을 내. 빛을 왜 내는 걸까? (답은 2개)

① 먹이를 유인하려고
② 짝을 찾으려고
③ 집을 찾으려고

87 다른 물고기가 심해에 들어가면 몸이 오그라들어 죽지만 심해 동물은 죽지 않아. 왜 그럴까?

① 부레가 퇴화돼서
② 뼈가 두꺼워서
③ 비늘이 두꺼워서

88 육지 산에서 금, 철광 같은 광물을 얻을 수 있어. 그럼 바다에서도 광물을 얻을 수 있을까?

① 그럼, 있지.
② 아니, 없어.

89 바다에서 생기는 어떤 힘으로 전기를 만들 수 있을까? (답은 2개)

① 파도가 치는 힘
② 바다가 누르는 힘
③ 밀물과 썰물 차이의 힘

90 네덜란드는 육지보다 높은 바다를 육지로 만들었어. 어떻게 만들었을까?

① 댐으로 바다를 막아서
② 바다 속 산을 폭발시켜서
③ 섬과 섬을 연결해서

영해란?

어제 동해에 일본 배가 몰래 와서 물고기를 잡았다네.

바다에도 주인이 있다는 걸 모르나벼.

바다 오염

비상! 비상! 배에서 기름이 새고 있다.

큰일이다. 저러다가 바다생물 다 죽겠어.

91 우리 나라 바다에선 다른 나라 배가 물고기를 잡을 수 없어. 왜 그럴까?

① 그물을 많이 쳐 놓아서
② 우리 나라가 주인이라서
③ 너무 멀어서 못 와서

92 바다에도 주인이 있어. 바다의 주인은 어떻게 정할까?

① 물고기를 가장 많이 먹는 나라
② 배가 가장 많은 나라
③ 땅 끝에서 거리를 재서 정해.

93 독도 앞 바다처럼 여러 나라가 함께 물고기를 잡을 수 있는 곳이 있어. 이 곳을 뭐라고 할까?

① 공동 경비 구역
② 공동 수역　③ 공동 어업 구역

94 바다가 오염되는 이유는 다음 중 뭘까? (답은 2개)

① 육지에 농약을 많이 뿌려서
② 배에서 기름이 나와서
③ 바다 동물이 죽어서

95 육지에 농약을 뿌리면 바다도 오염돼. 왜 그럴까?

① 땅에 스며든 농약이 바다로 와서
② 농약 든 식물을 먹은 동물의 똥이 바다로 흘러서

96 바다에 오염 물질이 쌓이면 육지에 어떤 일이 일어날까?

① 지진이 일어나.
② 화산이 폭발해.
③ 가뭄이 들어.

정답과 해설은 뒤쪽에 있어.

집중탐구 퀴즈 정답 & 해설

심해 동물

바다의 이용

정답 85.③ 86.①, ② 87.①

심해엔 먹이가 부족해요. 그래서 귀신고기나 심해 아귀의 이빨은 한번 문 먹이를 놓치지 않기 위해 안쪽으로 구부려져 있어요.

어두운 심해에 사는 물고기들은 눈이 아주 나빠요. 대신 몸에서 빛을 내 먹이를 유인하고, 짝을 찾아요.

심해 동물은 부레가 퇴화되었어요. 공기가 든 부레는 물이 누르는 힘에 쉽게 오그라들기 때문이에요. 대신 몸에 기름을 저장해 물에서 떴다 가라앉았다 해요.

정답 88.① 89.①, ③ 90.①

바다는 우리에게 많은 자원을 줘요. 바다엔 소금은 물론 많은 금, 철, 아연, 구리 같은 광물이 녹아 있거나 덩어리로 있어요. 또 화약을 만드는 마그네슘, 비료를 만드는 칼륨 같은 것들도 있어요.

바다에서 일어나는 파도의 힘과 밀물과 썰물의 물의 높이 차이를 이용해 전기를 만들 수도 있어요.

네덜란드처럼 댐으로 바닷물을 막아 물을 뺀 후 흙을 채워 땅을 넓힐 수도 있어요.

영해란?

바다 오염

정답 91. ② 92. ③ 93. ②

한 나라의 육지 끝에서 22킬로미터 떨어진 바다는 그 나라가 주인이 돼요. 이 곳을 영해라고 해요.

또 자기 바다의 생물, 자원 등 나라에서 370킬로미터 떨어진 바다에 속한 모든 것은 그 나라가 갖게 돼요. 그래서 우리 나라 동해에서 다른 나라 배가 물고기를 잡을 수 없어요. 하지만 독도 앞 바다처럼 어느 나라에도 속하지 않아 주변 나라가 함께 물고기를 잡기도 해요. 이런 곳을 공동 수역이라고 해요.

정답 94. ①, ② 95. ① 96. ③

가정에서 버리는 생활 하수, 공장에서 버리는 공장 폐수가 바다를 오염시켜요. 뿐만 아니라 농약을 뿌리면 땅에 스며들어 강물과 함께 바다로 가요. 또 하늘로 올라간 매연은 빗물에 섞여 바다에 떨어져 바다를 오염시켜요. 유조선이 침몰하면서 흘러나온 기름도 바다를 오염시켜요. 바다가 오염되면, 오염 물질이 바닷물의 증발을 막아 구름이 생기지 못하고 비가 오지 않게 돼요. 그래서 땅에는 극심한 가뭄이 들어요.

92-93쪽 정답이야.

교과서 도전 퀴즈

학교 시험에는 어떻게 나올까? 도전해봐!

정답 98쪽

1 바다 속에 사는 동물의 공통점과 차이점   3학년

물개

물고기

게

고래

1. 물고기와 고래는 아가미로 숨을 쉰다. (○ , ×)

2. 게는 10개의 다리로 걷는다. (○ , ×)

3. 물개와 고래는 새끼를 낳는다. (○ , ×)

2 바다 속 여러 가지 동물   3학년

산호

해마

성게

1. 산호는 꽃이 피는 식물이다. (○ , ×)

2. 해마는 수컷이 알을 넣고 다닌다. (○ , ×)

3. 성게는 가시로 덮여있다. (○ , ×)

98쪽 정답 **5** 1. × 2. ○ 3. ○ 4. × 5. ○ 6. ○ 7. × 8. ○

기대하시라!

3 바다 속 동물의 이동방법   3학년

고래

가오리

상어

1. 가오리는 지느러미를 펄럭이면서 헤엄친다. (○ , ×)

2. 상어와 고래는 부레를 이용해 떳다가라 앉는다. (○ , ×)

3. 상어는 몸 전체를 좌우로 움직이며 헤엄친다. (○ , ×)

4. 고래는 모두 이빨이 있다. (○ , ×)

4 지면과 수면의 온도 변화   6학년

바다   육지

바다   육지

1. 지면과 수면 중 더 빨리 온도가 높아지는 것은 지면이다. (○ , ×)

2. 지면과 수면 중 하룻동안의 온도 변화가 더 심한 것은 수면이다. (○ , ×)

3. 낮에는 찬 공기가 육지쪽으로 이동하는 해풍이 분다. (○ , ×)

5 **생물의 분류**   6학년

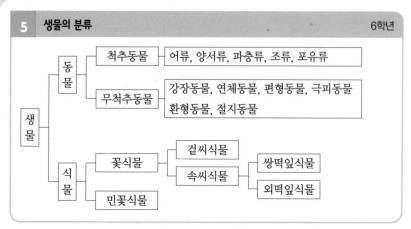

1. 움직이지 못하고, 영양분을 스스로 얻으며, 외부 자극에 느리게 작용하는 것은 동물이다. (○ , ×)

2. 개구리, 뱀, 개, 고래, 붕어는 척추동물이다. (○ , ×)

3. 지렁이, 잠자리, 오징어처럼 부드러운 몸체를 지닌 동물을 무척추동물이라고 한다. (○ , ×)

4. 고사리, 쇠뜨기, 이끼류는 씨로 번식한다. (○ , ×)

5. 속씨식물은 씨가 씨방 속에 들어 있는 식물이다. (○ , ×)

6. 오징어, 문어는 연체동물이다. (○ , ×)

7. 개구리, 악어는 파충류이다. (○ , ×)

8. 은행나무와 소나무는 겉씨식물이다. (○ , ×)

기대하시라!

6 등뼈가 없는 동물의 특징에 따른 분류   6학년

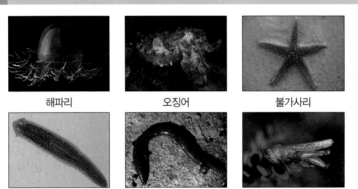

| 해파리 | 오징어 | 불가사리 |
| 플라나리아 | 지렁이 | 메뚜기 |

1. 해파리는 강장동물이고 입과 항문의 구분이 없고, 몸 속이 비어있다.

(○ , ×)

2. 플라나리아는 편형동물이고 항문이 있다. (○ , ×)

3. 지렁이는 환형동물이고 몸이 여러 마디로 나눠져 있다. (○ , ×)

4. 지렁이는 암수가 한몸이다. (○ , ×)

5. 오징어는 단단한 뼈가 있다. (○ , ×)

6. 메뚜기는 절지동물이고, 몸이 여러 마디로 나눠져있다. (○ , ×)

7. 불가사리처럼 극피동물은 몸이 가시나 껍데기로 덮여있다. (○ , ×)

8. 성게는 강장동물이다. (○ , ×)

9. 거미, 게, 지네 등은 극피동물이다. (○ , ×)

3 Round

물

stage 1

- ○× 퀴즈
- 있다없다 퀴즈
- 네모 퀴즈
- 사다리 퀴즈
- 왜?왜? 퀴즈

stage 2

집중탐구 퀴즈

물이란? · 물과 온도
물과 얼음 · 물의 증발
물과 지구 · 물과 열
날씨와 물 1 · 날씨와 물 2
물의 순환 · 흐르는 물
지하수 · 물의 저장
수증기 · 빗물
강물 · 바다

- 속담 퀴즈
- 또또 퀴즈

stage 3

집중탐구 퀴즈

물의 성질 1 · 물의 성질 2
물의 성질 3 · 물의 성질 4
물의 성질 5 · 물의 기록
우리 몸과 물 1 · 우리 몸과 물 2
물과 식물 · 물에 사는 식물
물과 동물 · 물에 사는 동물
물의 오염 1 · 물의 오염 2
물의 정화 · 줄어드는 물

stage 4

교과서 도전 퀴즈

66년 후에 토라, 큐큐, 찡

콱
콱
콱

stage 1

OX 퀴즈

맞으면 O, 틀리면 ×에 ◯표 하는 거야. 이제 시작이라고!

정답 104쪽

 1 물은 100도에서 끓는다.

 2 얼음은 물보다 가볍다.

 3 홍수가 일어나면 지구의 물의 양이 늘어난다.

 4 수압은 물이 얕을수록 높다.

 5 사해는 짠 바다이다.

 6 우리 나라는 물 풍요 국가이다.

7 지구 겉면의 70퍼센트가 물이다.

 8 강물이 가장 빠르게 흐르는 곳은 하류이다.

각 쪽을 잘 보고, 답을 맞춰봐. 누가 더 많이 맞췄을까……

102

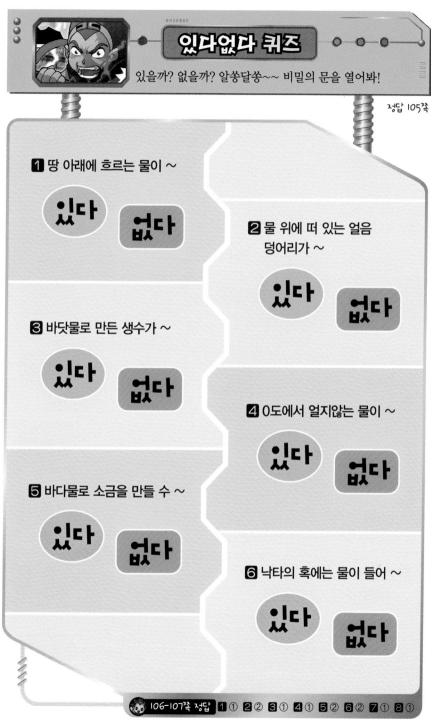

정답 105쪽

있다없다 퀴즈

있을까? 없을까? 알쏭달쏭~~ 비밀의 문을 열어봐!

1 땅 아래에 흐르는 물이 ~

있다   없다

2 물 위에 떠 있는 얼음 덩어리가 ~

있다   없다

3 바닷물로 만든 생수가 ~

있다   없다

4 0도에서 얼지않는 물이 ~

있다   없다

5 바다물로 소금을 만들 수 ~

있다   없다

6 낙타의 혹에는 물이 들어 ~

있다   없다

106-107쪽 정답 **1** ① **2** ② **3** ① **4** ① **5** ② **6** ② **7** ① **8** ①

물

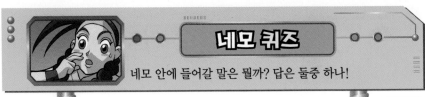

1 물은 〖 〗이다. …………………… 〉 액체 〉 고체

2 우리 나라 온천수는 〖 〗도 이상이다. ……… 〉 20도 〉 25도

3 태아가 자라는 자궁의 물을 〖 〗라고 한다. …… 〉 양수 〉 정수

4 물이 기체가 되어 하늘로 날아가는 것을 〖 〗라고 한다. ……… 〉 증발 〉 습기

5 세계에서 가장 큰 폭포는 〖 〗이다. ……… 〉 이구아스 폭포 〉 나이아가라 폭포

6 바닷물이 높아져서 땅으로 넘치는 것은 〖 〗이다. ……… 〉 폭풍 〉 해일

7 골짜기나 강을 막아 물을 담아주는 곳은 〖 〗이다. ……… 〉 댐 〉 다리

8 우리 몸의 〖 〗퍼센트가 물이다. …………… 〉 50 〉 70

102쪽 정답 1 ○ 2 ○ 3 × 4 × 5 × 6 × 7 ○ 8 ×

사다리 퀴즈

알쏭달쏭 수수께끼! 사다리를 타면 답이 나와.

정답 107쪽

1 차가우면 딱딱해지고 뜨거우면 날아가는 것은?

2 산은 산인데 둥둥 떠다니는 산은?

3 세상에서 제일 가벼운 발은?

4 고개 숙이고 눈물만 흘리는 것은?

5 개는 개인데 금방 사라지는 개는?

6 내려가기만 하고 올라가는 못하는 것은?

7 뿌리도 잎도 없는 줄기는?

8 열심히 땅을 파면 나는 것은?

강

증발

빗줄기

안개

빙산

수도꼭지

땀

물

103쪽 정답 **1** 있다 **2** 있다 **3** 있다 **4** 있다 **5** 있다 **6** 없다

왜?왜? 퀴즈

왜? 왜 그럴까? 숨겨진 이유를 찾아봐.

정답 103쪽

왜 호수인 사해를 죽은 바다라고 부를까?

① 너무 짜서 물고기가 살 수 없어서
② 너무 물이 적어서 물고기가 살 수 없어서

왜 비가 내리면 공기가 깨끗해 질까?

① 구름이 없어져서
② 먼지를 씻어 내려서

왜 베트남에선 1년에 두 번이나 농사를 지을 수 있을까?

① 비가 많이 와서
② 비가 적게 와서

왜 땅 속의 온천수는 뜨거울까?

① 마그마에 물이 데워져서
② 아주 깊은 곳에 있어서

104쪽 정답 1 액체 2 25도 3 양수 4 증발 5 이구아스 폭포 6 해일 7 댐 8 70

물

5

물의 흐름이
거의 없네.

고여있는
물이라서
그렇지.

왜 강처럼 넓은 호수는 물의 흐름이
약할까?

① 산 속에 있어서
② 물이 고여있어서

6

물은 투명한데,
바닷물은 파래
이상해 이상해.

그 비밀은
빛에 있지.
ㅋㅋ

왜 바닷물은 파랗게 보일까?

① 바닷물이 파란빛만 흡수해서
② 바닷물이 파란빛만 반사해서

7

쿠로시오
해류는 어른
걸음걸이 정도의
속도야.

쿠로시오
해류

북적도
해류

남적도
해류

페루 해류

서풍 피류

난류
한류

왜 인도양 해류는 1년에 두 번씩 방향
을 바꿀까?

① 계절풍 때문에
② 홍수와 가뭄때문에

8

여기도 거기도
동글동글한
돌이네.

강물에
깎여서
그렇지.

왜 강 하류에는 동글동글한 돌이 않
을까?

① 물에 돌이 깍여서
② 물고기가 많아서

105쪽 정답 1 물 2 빙산 3 증발 4 수도꼭지 5 안개 6 강 7 빗줄기 8 땀

Round 3 물 · 107

집중탐구 퀴즈

문제를 잘 읽고 맞는 것을 골라봐. 쉽지 않을걸!

물이란?

보석이 아니라 물 분자가 모인 물방울이야.

와~ 거미줄에 보석이 생겼어.

물과 온도

삐~ 100도가 넘었습니다.

빨리 불을 꺼. 이러다 물 다 날아가겠어.

1 맨 처음 지구에는 물이 없었어. 그럼 물은 어떻게 생겼을까?

① 태양이 폭발해서
② 지구가 폭발해서
③ 지구가 별과 부딪쳐서

2 물은 색도 없고, 냄새도 없어. 그럼 모양도 없을까?

① 그럼, 모양도 없어.
② 아니, 동그란 모양이야.

3 물은 물 분자로 이루어졌어. 그럼 물 분자는 무엇으로 이루어졌을까?

① 산소
② 이산화탄소와 산소
③ 산소와 수소

4 우리가 마시는 물처럼 흐르는 물질을 액체라고 해. 그럼 물이 끓어서 하늘로 올라가는 수증기는 뭐라고 할까?

① 고체   ② 기체
③ 액체

5 물이 끓으면 수증기가 되고, 얼리면 얼음이 돼. 물은 왜 모습이 변한 걸까?

① 온도가 달라져서
② 장소가 달라져서
③ 그릇이 달라져서

6 물은 100도부터 끓기 시작해. 그럼 몇 도부터 얼기 작할까?

① 영하 5도   ② 0도
③ 영상 10도

물과 얼음

말도 안돼. 저렇게 큰 얼음이 물에 떠 있다니….

난 물보다 가벼운 빙산 여신이야.

물의 증발

바람도 불고, 햇빛도 좋고 잘 마르겠어.

빨래가 덜 빨렸나? 밤.. 냄새가….

7 얼음 덩어리인 빙산은 산처럼 커. 그런데 어떻게 바다에 떠 있을까?

① 빙산이 바닷물보다 가벼워서
② 빙산 바닥이 평평해서
③ 빙산이 바다 밑에 닿아 있어서

8 바위 틈의 물이 얼었다 녹았다를 반복하면 바위가 쪼개져. 왜 그럴까?

① 물의 부피가 달라져서
② 물의 색이 달라져서
③ 물의 무게가 달라져서

9 물은 온도에 따라 무게가 변해. 몇 도일 때 가장 무거울까?

① 펄펄 끓는 100도
② 얼기 시작하는 0도
③ 약간 차가운 4도

10 물에 젖은 빨래를 널어 두면 저절로 말라. 물은 어떻게 된 걸까?

① 작은 미생물이 분해했어.
② 공기 중으로 날아갔어.
③ 옷감이 모두 흡수했어.

11 빨래는 공기 중에 물이 날아가 말라. 빨래가 가장 잘 마르는 날은?

① 온도가 높고 바람이 부는 날
② 온도가 낮고 바람이 부는 날
③ 온도가 높고 바람이 불지 않는 날

12 땅 위에 내린 비는 다시 하늘로 증발하거나 강이나 바다로 흘러가. 둘 중 어디로 더 많이 갈까?

① 하늘로
② 강이나 바다로

정답과 해설은 뒤쪽에 있어.

물이란?

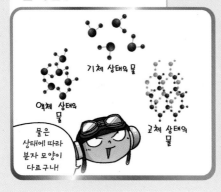

기체 상태의 물

액체 상태의 물

고체 상태의 물

물은 상태에 따라 분자 모양이 다르구나!

물과 온도

누가 내 아이스크림을 이렇게 만들었어?

얼음이 녹으면 액체가 되는 거 몰라?

으켝

찰칵

네가 먹는 거에 모르는 게 있다니, 놀라운데!

정답 1.② 2.① 3.③

46억 년 전, 지구가 폭발하면서 많은 수증기와 가스를 뿜었어요. 그 후 지구가 식으면서 하늘로 올라간 수증기가 구름이 되어 비로 내렸어요. 이 비가 바로 지구에 처음으로 생겨난 물이에요.

물은 형태가 없어서 손으로 뜨면 빠져나가요. 그래서 물은 담는 그릇에 따라 모양이 달라져요.

물 한 방울은 작은 물 분자들로 이루어져요. 그리고 이 작은 물 분자는 산소와 수소로 이루어져요.

정답 4.② 5.① 6.②

액체인 물은 온도에 따라 모양이 달라져요. 차가운 0도 이하에선 고체인 얼음이 되고, 0도 이상에선 다시 녹아서 물이 돼요. 또 뜨거운 100도 이상에선 끓어서 기체인 수증기가 되어 공기 중으로 올라가요.

기체인 수증기는 눈에 보이지 않아요. 물이 끓을 때 보이는 하얀 김은 수증기가 아니라 물이에요. 수증기가 공기 중으로 올라가면서 온도가 낮아져 다시 액체인 물방울로 변했기 때문이에요.

물과 얼음

물의 증발

정답 7.① 8.① 9.③

물은 얼면 부피가 9퍼센트 정도 커져요. 그래서 같은 크기라도 얼음이 물보다 가벼워서 얼음은 물에 떠요. 거대한 얼음 덩어리인 빙산이 바닷물에 가라앉지 않고 뜨는 것처럼요. 또 바위 틈에 스며든 물이 얼면서 바위가 부서지기도 해요. 물이 얼어 부피가 커져서 바위 틈이 더 벌어지기 때문이에요.

특이하게도 물은 온도가 높거나 낮을수록 무거운 게 아니라 약간 차가운 4도일 때 가장 무거워요.

정답 10.② 11.① 12.①

젖은 빨래를 널어 두면 마르는 것처럼, 액체인 물이 기체로 변해 공기 중으로 날아가는 것을 '증발'이라고 해요. 증발은 햇빛이 강하고 바람이 부는 날 잘 일어나요. 기온이 높으면 물이 수증기로 빨리 변하고, 바람이 불면 수증기가 빨리 다른 곳으로 이동하기 때문이에요.

땅에 내린 빗물도 증발해요. 빗물의 3분의 2는 하늘로 증발하고, 나머지 3분의 1은 강이나 바다로 흘러가서 시간이 흐른 후 증발해요.

108-109쪽 정답이야.

집중탐구 퀴즈

문제를 잘 읽고 맞는 것을 골라봐. 쉽지 않을걸!

물과 지구

우주에서 보니깐 지구가 정말 파랗다.

지구에 70%이상 되니깐 그렇지.

물과 열

분수 옆은 여름에도 시원한거 같아.

다 이 분수님이 열을 빼앗기 때문이지.

---

13 지구는 우주에서 파랗게 보일 정도로 지구에는 물이 많아. 얼마나 많을까?

① 지구 겉면의 30퍼센트
② 지구 겉면의 70퍼센트
③ 지구 겉면의 90퍼센트

14 물은 하늘, 땅, 바다에 있어. 이 중 어디에 가장 많이 있을까?

① 하늘   ② 땅
③ 바다

15 바다, 강, 호수처럼 지구에 물은 많지만, 우리가 사용할 수 있는 물은 아주 적어. 얼마나 될까?

① 전체 물의 0.01퍼센트 정도
② 전체 물의 10퍼센트 정도
③ 전체 물의 20퍼센트 정도

16 물은 햇빛을 막아서 지구가 뜨겁지 않게 해. 어떻게 햇빛을 막는 걸까?

① 햇빛을 반사해서
② 햇빛을 흡수해서
③ 물을 증발시켜서

17 물이 하늘로 증발하면, 땅 위가 시원해져. 왜 그럴까?

① 증발한 곳에 바람이 불어와서
② 물이 증발할 때 열을 빼앗아서
③ 물이 증발해서 햇빛을 막아 줘서

18 땅에서 증발한 물은 하늘에서 어떻게 될까?

① 식어서 물방울이 돼.
② 하늘의 열과 섞여서 번개가 돼.
③ 우주로 날아가 버려.

물

날씨와 물 1

와~ 안개가 심해서 조심해야겠어.

그럼 안개는 금세 사라지니깐 좀 쉬었다 갈까?

날씨와 물 2

구름과 안개가 부딪히면 ♪

비처럼 ♭ 물방울이 흐르면 ♪ 그그그게 ♪ 바로 나무비 ♪

물방울이 맺히지 ♯

19 안개도 구름처럼 작은 물방울이 모인 거야. 그런데 왜 안개는 금세 사라질까?

① 땅 가까이에 떠 있어서
② 구름보다 물방울이 작아서
③ 물방울이 적게 모여 있어서

20 이른 아침 풀잎에 물방울이 대롱대롱 매달려 있어. 이것을 뭐라고 할까?

① 서리　　　② 이슬
③ 안개

21 여름에 비가 오기 전날은 후덥지근하고 기분이 좋지 않아. 왜 그럴까?

① 수증기가 많아서
② 수증기가 적어서
③ 수증기가 뜨거워서

22 안개나 구름이 나뭇잎과 줄기에 부딪혀 빗물처럼 흘러내릴 때가 있어. 이것을 뭐라고 할까?

① 나무 비　　　② 나무 물방울
③ 나무 안개

23 홍수가 일어나면 바다에서 물고기가 떼죽음을 당하기도 해. 왜 그럴까?

① 바닷물의 양이 많아져서
② 쓰레기가 바다로 떠내려가서
③ 바다에 큰 파도가 쳐서

24 바닷물이 높아져서 땅으로 넘쳐 흐르는 것을 해일이라고 해. 해일은 왜 생길까? (답은 2개)

① 태풍이 일어나서
② 비가 오랫동안 오지 않아서
③ 바다 속에서 지진이 일어나서

정답과 해설은 뒤쪽에 있어.

물과 지구

물과 열

정답 13.② 14.③ 15.①

지구는 겉면의 70퍼센트가 물로 덮여 있어요. 그래서 우주에서 보면 지구가 파랗게 보여요.

물은 바다는 물론, 하늘과 땅에도 있어요. 이 중 97퍼센트의 물이 바다에 있어요.

우리가 쓸 수 있는 물은 강물이나 지하수예요. 하지만 이 물도 빙하나 만년설로 되어 있거나 오염되어서 쓰지 못하는 물이 대부분이에요. 실제로 우리가 쓸 수 있는 물은 지구 전체 물의 0.01퍼센트도 되지 않아요.

정답 16.① 17.② 18.①

공기 중의 물은 태양에서 쏟아지는 햇빛을 반사해서 지구가 뜨겁지 않게 해요. 또 지구의 열이 금세 지구 밖으로 나가지 못하게 막아서 지구가 쉽게 식지 않도록 해요.

땅 위의 물이 증발하면 땅이 식어서 시원해져요. 물이 증발하면서 땅의 열을 빼앗아가기 때문이에요.

하늘로 올라간 수증기는 식어서 물방울이 돼요. 그리고 물방울들이 모여 구름이 된 후 비가 되어 땅으로 떨어져요.

날씨와 물 1

심한 안개로 오전 비행기가 결항됩니다.

안개는 해가 뜨면 걷히니까 조금만 더 기다리자!

어떻게 준비한 여행인데!

토라의 여행용 비상식량

정답 19.① 20.② 21.①

땅 근처의 수증기는 기온이 낮은 새벽에 식어서 작은 물방울이 돼요. 이 물방울이 모여서 땅 위에 낮게 깔려 있는 것이 바로 안개예요. 안개는 아침에 해가 뜨면 물방울이 데워져서 공중으로 흩어져요.
풀잎에 매달린 이슬도 공기 중의 차가워진 수증기가 모인 거예요.
여름에 비 오기 전날은 후덥지근해요. 이건 공기 중에 수증기가 많아져서 습도가 높아졌기 때문이에요.

날씨와 물 2

꾸아 아~

해일이다! 태풍이 불어서 해일이 일어났나 봐!

피해라, 피해!

빨리 높은 곳으로 대피해야 해!

정답 22.① 23.② 24.①, ③

안개나 구름의 작은 물방울이 나무에 부딪혀 빗물처럼 흘러내리는 것을 나무 비라고 해요.
갑자기 비가 많이 내려 홍수가 나면 물고기가 떼죽음을 당하기도 해요. 홍수로 불어난 물에 쓰레기가 쓸려 내려가 강이나 바다를 오염시키기 때문이에요.
태풍이 불거나 바다 속에서 지진 또는 화산 폭발이 일어나면 바닷물이 높아져 땅을 덮치기도 해요. 이것을 해일이라고 해요.

112-113쪽 정답이야.

문제를 잘 읽고 맞는 것을 골라봐. 쉽지 않을걸!

물의 순환

하늘의 물은 비로 땅과 바다에 떨어져.

바다와 땅의 물은 다시 하늘로 훨훨~

흐르는 물

와! 물살이 청룡열차보다 빠른거 같아.

경사가 급하니 저절로 빨라지네.

25 물이 넘쳐 홍수가 날 때도 있고, 물이 적어 가뭄이 들 때도 있어. 그럼 지구의 물의 양도 변하는 걸까?

① 그럼, 당연하지.
② 아니, 물의 양은 항상 같아.

26 땅과 바다에서 하늘로 올라간 물은 구름이 된 후 비로 땅과 바다로 내려와. 물이 돌고 도는 과정을 뭐라고 할까?

① 물의 순환　　② 물의 일생
③ 물의 탄생

27 물은 바다에서 2,300년 정도 머물러 있다가 하늘로 가. 그럼 하늘에선 얼마나 머무를까?

① 약 1주일　　② 약 100년
③ 약 1,000년

28 물은 흐르면서 흙을 깎아. 다음 중 흙이 가장 많이 깎이는 곳은 어디일까?

① 평평한 곳　　② 비탈진 곳
③ 물이 적은 곳

29 물이 흐르다 큰 돌을 만났어. 그럼 물은 어떻게 흐를까?

① 돌을 넘어 흘러.
② 돌을 돌아서 흘러.
③ 돌을 쪼개고 흘러.

30 물은 빨리 흐르는 곳도 있고 천천히 흐르는 곳도 있어. 다음 중 물이 빠르게 흐르는 곳은 어디일까?

① 비탈진 계곡
② 물길이 넓은 강 하류
③ 바닥이 평평한 개울

지하수

지하수를 발견한 후부터 논에 물 마를 날이 없지.

논에 물이 가득 찼네.

물의 저장

왜 물을 가둬 두는 거야?

가뭄과 홍수를 대비하려는 거야.

31 땅 아래를 흐르는 물을 지하수라고 해. 그럼 땅 위를 흐르는 물을 뭐라고 할까?

① 지표수　　② 순환수
③ 심층수

32 지하수를 뽑아 올려서 여러 곳에 사용해. 어디에서 가장 많이 사용할까?

① 농사지을 때 쓰는 농업용수
② 가정에서 쓰는 생활용수
③ 공장에서 쓰는 공업용수

33 지하수를 한꺼번에 많이 퍼 올리면 위험해. 왜 그럴까?

① 물이 오염되어서
② 식물이 잘 자라지 못해서
③ 땅이 푹 꺼져서

34 사람은 흐르는 물을 막아 댐을 만들어. 왜 만들까? (답은 2개)

① 홍수나 가뭄에 대비하려고
② 전기를 얻으려고
③ 물고기를 키우려고

35 나무가 울창한 푸른 숲도 댐이라고 불러. 왜 그럴까?

① 나무가 물길을 막아서
② 나무가 전기를 만들어서
③ 나무가 가뭄과 홍수를 조절해서

36 숲이나 논은 자연이 만든 댐이야. 이런 댐을 뭐라고 할까?

① 녹색댐
② 푸른댐
③ 자연댐

정답과 해설은 뒤쪽에 있어.

집중탐구 퀴즈 정답 & 해설

물의 순환

정답 25. ② 26. ① 27. ①

지구에 홍수나 가뭄이 나도 지구의 물의 양은 변함이 없어요. 지구의 물이 땅이나 바다에서 증발해 하늘로 올라가고, 또 그 물이 비나 눈이 되어 땅으로 다시 내려오기 때문이에요. 이렇게 물이 돌고 도는 것을 '물의 순환' 이라고 해요.

물은 순환하면서 바다에선 가장 오래 약 2,300년을 머물러요. 공기 중에선 약 8일을 머무르고, 땅 속으로 스며들어서는 약 1,400년을 머문 후 땅 밖으로 나와요.

흐르는 물

정답 28. ② 29. ② 30. ①

물은 경사에 따라 빠르기가 달라요. 계곡처럼 경사가 급한 곳에선 빠르고 세차게 흘러요. 또 강 하류처럼 경사가 급하지 않은 곳은 천천히 약하게 흘러요.

물은 흐르면서 흙을 깎아 내리거나 땅을 움푹 패게 해요. 경사가 급한 곳에서 빠르고 세차게 흐를수록 흙을 많이 깎아요.

물이 흐르는 길에 큰 돌이 있으면 물길이 바뀌어요. 물이 돌을 돌아 흐르기 때문이에요.

지하수

물의 저장

물은 땅 위에도, 아래에도 있어요. 땅 위의 물은 지표수, 땅 아래의 물은 지하수라고 해요. 지하수는 땅 속 흙이나 돌 사이를 채우고 있어요.

지하수는 뽑아 올려 가정에서 사용하기도 하고 공장에서 사용하기도 해요. 하지만 농사를 짓는 데 가장 많이 사용해요.

그런데 지하수를 한꺼번에 많이 퍼 올리면 위험할 수 있어요. 지하수로 채워져 있던 자리가 갑자기 텅 비면서 땅이 꺼질 수 있기 때문이에요.

댐은 골짜기나 강을 가로질러 막아 물이 흐르지 못하게 쌓은 둑이에요. 댐은 비가 많이 내리면 물을 가두어서 홍수를 막고, 비가 적게 오면 물을 내보내 가뭄을 막아요. 또 댐 위의 물이 아래로 떨어지는 힘으로 전기를 만들어요.

나무가 울창한 푸른 숲을 녹색댐이라고 해요. 나무가 물을 저장해 홍수와 가뭄을 조절하기 때문이에요. 논과 저수지도 작지만 홍수와 가뭄을 조절해 주는 녹색댐 중 하나예요.

116-117쪽 정답이야.

집중탐구 퀴즈

문제를 잘 읽고 맞는 것을 골라봐. 쉽지 않을걸!

수증기

찬 안경에 달라붙자! 붙어.

수증기가 또 달라붙었네? 앞이 잘 안보여.

빗물

빗물이 흘러 물길이 만들어진거야.

뱀이 다녀간 길인가? 구불구불하네?

---

37 공기 중에 수증기가 적으면 산불이 쉽게 일어날 수 있어. 그럼 수증기가 많으면 다음 중 어떤 일이 일어날까?

① 곰팡이가 잘 생겨.

② 땅이 갈라져.

38 방 안에 수증기가 적으면 목이 아플 수 있어. 어떻게 하면 좋을까?

① 젖은 수건을 걸어 둬.

② 선풍기를 틀어 둬.

③ 방 안의 온도를 높여.

39 추운 날 버스를 타면 안경에 김이 서려서 앞이 잘 안 보여. 김은 왜 생길까?

① 안경의 찬 수증기가 녹아서

② 따뜻한 수증기가 찬 안경에 붙어서

40 운동장에 비가 내리면 물길이 생겨. 물길은 어떤 모양일까?

① 곧게 뻗은 모양

② 구불구불한 모양

③ 동그란 원이 겹쳐 있는 모양

41 하늘에서 내리는 빗물은 보기엔 깨끗한데 컵에 받으면 지저분해. 왜그럴까?

① 새의 똥이 섞여서

② 공기 중의 먼지가 섞여서

③ 구름에 먼지가 많아서

42 빗물이 흐르기 전에는 땅이 평평해. 그럼 빗물이 흐른 후에는 어떨까?

① 흙이 한곳에 쌓여.

② 움푹 팬 곳이 생겨.

③ 자갈 같은 돌이 사라져.

강물

상류에는 모난 돌이 많던데. 여긴 다 동글동글하네.

바다

무슨 소리! 난 물보다 더 낮은 온도에서 얼어.

바다가 얼었네. 0도인가봐.

43 강은 위쪽부터 상류, 중류, 하류라고 불러. 이 중 강의 폭이 가장 넓은 곳은 어디일까?

① 상류　　　② 중류
③ 하류

44 물살이 세지도 약하지도 않은 중류에선 보통 어떤 일이 일어날까?

① 흙이나 돌을 실어 날라.
② 강 주변에 돌을 쌓아.
③ 큰 돌을 쪼개.

45 물살이 센 상류엔 모가 난 돌이 많아. 그럼 물살이 약한 하류는 무엇이 가장 많을까?

① 커다란 바위　② 거친 모래
③ 고운 모래

46 강물은 짜지 않아. 그런데 왜 강물이 모인 바닷물은 짤까?

① 소금이 녹아 있어서
② 소금 바위가 많아서
③ 바다 식물이 소금을 만들어서

47 물은 0도에서 얼어. 그럼 바닷물은 몇 도에서 얼까?

① 물과 같은 0도
② 물보다 높은 1도
③ 물보다 낮은 영하 1.91도

48 바다의 힘을 이용해서 전기를 얻을 수 있어. 다음 중 어떤 힘을 이용할 수 있을까?

① 밀물과 썰물의 차이 힘
② 해일의 힘　　③ 해류의 힘

정답과 해설은 뒤쪽에 있어.

수증기

빗물

정답 **37.** ① **38.** ① **39.** ②

공기 중에 수증기가 많으면 음식에 곰팡이가 잘 생겨요. 반대로 수증기가 적으면 산불이 나기 쉽고, 실내에선 목이 따갑기도 해요. 이럴 땐 방 안에 젖은 수건을 걸어 두면 수건의 물이 증발하면서 실내에 수증기가 많아지게 돼요.

추운 날 버스를 타면 안경에 뿌옇게 김이 서려서 앞이 잘 보이지 않을 때가 있어요. 이것은 따뜻한 버스 안의 수증기가 찬 안경에 닿아 엉겨 붙기 때문이에요.

정답 **40.** ② **41.** ② **42.** ②

비가 오면 운동장 위로 빗물이 구불구불 흐르는 것을 볼 수 있어요. 빗물이 모래나 돌을 피해 방향을 바꿔 흐르면서 물길이 만들어졌기 때문이에요.

빗물은 여기저기 흙을 움푹 파 놓기도 해요. 그래서 비가 내리고 나면 작은 자갈들이 드러나기도 해요.

빗물은 컵에 받아 보면 뿌옇고 흐린 황토색을 띠어요. 비가 공기 중의 먼지와 함께 섞여 떨어지기 때문이에요.

강물

바다

정답 43. ③ 44. ① 45. ③

강은 상류, 중류, 하류로 구분해요.
상류는 폭이 좁고 경사가 급해서 물
살이 세요. 그래서 바닥이 패고 주
변의 돌과 바위는 모가 나 있어요.
중류는 폭이 넓고 경사가 급하지 않
아 상류만큼 물살이 세지 않아요.
그래서 작은 돌이나 흙을 하류까지
실어 날라요.
하류는 폭이 아주 넓고 경사도 거의
없어서 물살이 약해요. 그래서 작고
매끈한 자갈과 고운 모래가 많아요.

정답 46. ① 47. ③ 48. ①

강물은 짜지 않은데 강물에 모인 바
닷물은 짜요. 바닷물에 소금이 녹아
있기 때문이에요.
아주 추운 겨울에 강물은 얼었는데
바닷물은 얼지 않은 걸 볼 수 있어
요. 강물은 0도에서 얼지만 소금이
들어 있는 바닷물은 이보다 더 차가
운 영하 1.91도에서 얼기 때문이에
요.
하루에 2번 생기는 밀물과 썰물의
차를 이용해 전기를 얻기도 해요.
이것을 조력 발전이라고 해요.

120~121쪽 정답이야.

■■ 먹고 이 쑤시기

➔ 작은 일을 하고 큰일을 한 듯 뽐낸다.

물 위에 뜬 ■■

➔ 사람이 가까이 있으면서도 서로 어울리지 못한다.

가문 ■에 물 대기

➔ 힘들여 일해도 성과가 없다.

물이 깊을수록 ■■가 없다.

➔ 덕이 높고 생각이 깊은 사람은 잘난 체하지 않는다.

밑빠진 ■에 물붓기

➔ 쓸 곳이 많아 아무리 벌어도 항상 부족하다.

독   논   소리

기름   냉수

쉬어가기

또또퀴즈

정답 171쪽

아래 두 그림에서 서로 다른 곳 5군데를 찾아봐.

과연~
만만치 않을걸?

79쪽 정답

또또 퀴즈~ 정말 재미있다. 어디 어디 숨었을까?

Round 3 물 · 125

집중탐구 퀴즈

문제를 잘 읽고 맞는 것을 골라봐. 쉽지 않을걸!

물의 성질 1

공기 중에 물 때문에 이렇게 된거야.

와~ 모두 다 녹이 슬었네.

물의 성질 2

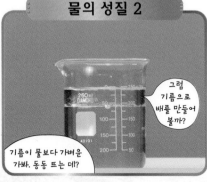

그럼 기름으로 배를 만들어 볼까?

기름이 물보다 가벼운 가봐. 둥둥 뜨는 데?

49 물에 사는 동물들도 산소로 숨을 쉬어. 그럼 물속의 산소는 어디 있을까?

① 물에 녹아 있어.
② 수면 바로 아래에 붙어 있어.
③ 밑바닥에 가라앉아 있어.

50 설탕과 소금은 물에 녹아. 다음 중 어떻게 하면 더 빨리 녹일 수 있을까?

① 물을 차갑게 해.
② 물을 저어.
③ 물의 양을 적게 해.

51 못에 녹이 스는 건 물속에 든 이것 때문이야. 이것은 뭘까?

① 산소　　　② 미생물
③ 먼지

52 꿀은 물에 잘 섞이지만 기름은 물에 섞이지 않아. 왜 그럴까?

① 기름 분자가 물 분자보다 많아서
② 기름 분자가 물 분자보다 커서
③ 기름 분자가 물 분자에 안붙어서

53 끓는 기름에 물이 떨어지면 지지직 튀어. 왜 그럴까?

① 물이 폭발해서
② 기름이 물을 밀어내서
③ 기름이 물과 섞여서

54 소금은 바닷물에서 얻어. 어떻게 얻는 걸까?

① 바닷물을 망에 걸러서
② 바닷물을 증발시켜서
③ 바닷물을 얼려서

물의 성질 3

물 위에 둥둥 떠 있으니깐 재미있다.

이게 다 공기를 가득 품은 내 덕이지.

물의 성질 4

빨리 들어오세요. 물 채워 잠수 할겁니다.

벌써? 서둘러 타자.

55 나뭇조각은 물이 들어 올리는 힘 때문에 떠. 이런 물의 힘을 뭐라고 할까?

① 부력 ② 장력
③ 수력

56 강보다 짠 바다에 물건이 더 잘 떠. 왜 그럴까?

① 소금이 부력을 크게 해서
② 소금이 부력을 작게 해서
③ 소금이 부력을 없애서

57 튜브를 물에 뜨게 하려면 다음 중 어떻게 해야 할까?

① 소금을 넣어.
② 공기를 넣어.
③ 물을 넣어.

58 물속에서 돌을 들 때와 물 밖에서 돌을 들 때 어느 때가 더 가벼울까?

① 물속에서 들 때
② 물 밖에서 들 때
③ 둘 다 같아.

59 물속에서 벽돌을 들 때 다음 중 어느 때 가장 가벼울까?

① 벽돌이 물에 많이 잠길수록
② 벽돌이 물에 조금 잠길수록
③ 벽돌이 물에 반쯤 잠겼을 때

60 잠수함은 바닷물을 이용해서 뜨고 가라앉아. 바닷물을 어떻게 이용할까?

① 잠수함 속에 넣어.
② 꽁꽁 얼려.
③ 소금기를 빼.

정답과 해설은 뒤쪽에 있어.

집중탐구 퀴즈 정답 & 해설

물의 성질 1

물의 성질 2

정답 **49.① 50.② 51.①**

물은 물질을 녹일 수 있어요. 또 물은 기체를 녹일 수 있어요. 그래서 물속 식물이 만든 산소가 물 밖으로 날아가지 않고 물에 녹아요. 물은 돌 같은 고체는 녹이지 못하지만, 소금 같은 고체는 녹일 수 있어요. 소금은 물의 온도를 높이거나 물을 저으면 더 빨리 녹아요.

못 같은 쇠붙이를 오랫동안 공기 중에 두면 녹이 슬어요. 공기 중 수증기에 들어 있는 산소가 쇠붙이의 탄소와 만나기 때문이에요.

정답 **52.③ 53.① 54.②**

기름은 물에 녹거나 섞이지 않아요. 기름 분자가 물 분자에 달라붙지 않기 때문이에요. 또 끓는 기름에 물방울이 떨어지면 물이 튀어요. 이것은 물보다 끓는 온도가 높은 기름 속에서 물이 갑작스레 끓어 폭발하기 때문이에요.

우리가 먹는 소금은 바다에서 얻어요. 논처럼 넓은 염전에 짠 바닷물을 가두고 바다 바람과 햇빛으로 물을 증발시키면 바닷물에 녹아 있는 소금을 얻을 수 있어요.

물의 성질 3

물의 성질 4

정답 55. ① 56. ① 57. ②

나뭇조각이 물에 뜨는 건 부력 때문이에요. 부력은 물이 물체를 밀어올리는 힘이에요. 이 부력이 클수록 물건이 물에 더 잘 떠요.

물에 소금을 넣으면 부력이 커져요. 그래서 강물보다 짠 바다에서 물건이 더 잘 떠요.

공기를 가득 넣은 튜브는 그렇지 않은 튜브보다 부피가 커요. 그래서 물에 닿는 부분이 넓어져요. 그러면 부력이 커져서 물에 훨씬 잘 뜰 수 있어요.

정답 58. ① 59. ① 60. ①

물속에서 돌을 들면 물 밖에서 드는 것보다 가벼워요. 물이 돌 무게의 일부를 지탱해 주기 때문이에요.

돌이 물에 많이 잠길수록 더 가벼워요. 물이 지탱해 주는 힘이 더 커지기 때문이에요.

잠수함은 바닷물을 이용해 떴다 가라앉았다 해요. 잠수함의 커다란 물탱크에 물을 채우면 무거워져 가라앉게 되고, 물을 빼면 텅 빈 물통처럼 가벼워져 물 위로 떠올라요.

126-127쪽 정답이야.

집중탐구 퀴즈

문제를 잘 읽고 맞는 것을 골라봐. 쉽지 않을걸!

물의 성질 5

물의 기록

61 탕 안에서 물이 목까지만 잠겼는데 숨 쉬기가 힘들어. 왜 그럴까?

① 물이 목을 눌러서
② 산소가 부족해져서
③ 물이 피부로 스며들어서

62 물이 누르는 힘은 깊이에 따라 달라. 언제 가장 셀까?

① 깊이가 얕을수록
② 깊이가 깊을수록
③ 깊이가 얕지도 깊지도 않을 때

63 공기는 우리 몸을 사방에서 누르고 있어. 그럼 물은 어떻게 누르고 있을까?

① 위 아래로만 누르고 있어.
② 양옆으로만 누르고 있어.
③ 사방에서 누르고 있어.

64 세계 물의 날은 UN(유엔)이 정했어. 언제일까?

① 3월 3일   ② 3월 22일

65 세계에서 가장 큰 호수는 카스피해야. 그럼 세계에서 가장 큰 폭포는 뭘까?

① 나이아가리 폭포
② 이구아수 폭포

66 가장 높은 산은 에베레스트야. 그럼 가장 깊은 해구는 어디일까?

① 마리아나 해구
② 태평양 해구

우리 몸과 물 1

벌써 물을 몇 병째 마시는 거야.

물이 적으면 주름이 생긴대. 많이 마셔야지.

우리 몸과 물 2

눈에 먼지가 들어갔나봐요.

걱정마~ 눈물이 씻어 내려줄게.

67 지구는 겉면의 70퍼센트가 물이야. 사람은 몸의 몇 퍼센트가 물일까?

① 50퍼센트　　② 70퍼센트
③ 90퍼센트

68 사람은 매일 물을 마시고 땀과 오줌으로 내보내. 마시는 물이 많을까, 내보내는 물이 많을까?

① 마시는 물　　② 내보내는 물
③ 둘 다 같아.

69 나이가 들면 몸에 물이 줄어들어. 몸에 물이 줄면 다음 중 어떤 일이 생길까?

① 주름이 생겨.
② 이가 빠져.
③ 머리가 하얘져.

70 물은 피와 함께 온몸을 돌아다니며 일을 해. 다음 중 어떤 일을 할까?

① 영양분과 노폐물을 실어 날라.
② 지방을 분해해.
③ 영양분을 만들어.

71 눈물은 눈물샘에서 나와. 눈물은 무슨 일을 할까? (답은 2개)

① 눈을 마르지 않게 해.
② 시력을 좋아지게 해.
③ 눈 속에 먼지를 씻어 내.

72 태아가 자라는 자궁의 물을 양수라고 해. 양수는 어떤 일을 할까? (답은 2개)

① 태아를 보호해 줘.
② 태아를 움직이게 해 줘.
③ 태아에게 영양분을 만들어 줘.

정답과 해설은 뒤쪽에 있어.

물의 성질 5

물의 기록

정답 **61.** ① **62.** ② **63.** ③

목욕탕의 탕 속에서 코가 잠기지 않고 목까지만 잠겼는데도 숨 쉬기가 힘들어요. 이것은 물이 사방에서 목과 가슴을 누르기 때문이에요. 이렇게 물이 누르는 힘을 '수압' 이라고 해요.

수압은 물이 깊을수록 세져요. 아주 깊은 물속까지 들어가면 수압이 너무 세서 마음대로 움직일 수 없어요. 그래서 수압이 센 아주 깊은 바다 속을 연구할 때는 사람이 헤엄쳐서 들어가지 않고 잠수정을 타고 들어가요.

정답 **64.** ② **65.** ② **66.** ①

세계 물의 날 3월 22일 세계의 물 문제를 해결하기 위해 1992년 UN(유엔)에서 제정했음.

카스피해 러시아 남부에서 이란 북부까지 이어짐. 면적 37만 1,000 제곱킬로미터

이구아수 폭포 브라질에 있음. 폭 4 킬로미터, 높이 60~82미터

마리아나 해구 태평양 북마리아나 제도 동쪽에 위치. 가장 깊은 곳은 1만 1,034미터

에베레스트 인도 북동쪽, 네팔과 티벳 국경에 위치. 높이 8,848미터

우리 몸과 물 1

우리 몸과 물 2

정답 67.② 68.③ 69.①

우리 몸의 피, 근육, 뼈 등에 들어 있는 물은 우리 몸의 약 70퍼센트예요. 어른은 하루에 큰 페트병 1개 반 정도(약 2.55리터)의 물을 마셔요. 그리고 마신 만큼 땀이나 오줌으로 내보내요. 이렇게 마신 만큼 내보내서 우리 몸의 물의 양은 항상 일정해요.

나이에 따라 몸 속 물의 양이 달라요. 아이는 90퍼센트, 어른은 70퍼센트, 노인은 50퍼센트 정도예요. 그래서 나이가 들면 몸의 물이 점점 적어져서 주름이 많아지게 돼요.

정답 70.① 71.①, ③ 72.①, ②

물은 피와 섞여 온몸을 돌아다니며 영양분과 노폐물을 실어 날라요. 또 심장의 따뜻한 열을 몸 전체에 전달해 몸을 따뜻하게 해요.

눈물은 눈물샘에서 나와요. 슬프거나 기쁠 때 뿐만 아니라 눈이 건조하거나 눈에 먼지가 들어갔을 때 눈을 보호하기 위해 나와요.

태아가 자라는 자궁 안의 물을 양수라고 해요. 양수는 밖의 충격으로부터 태아를 보호하고 태아가 편하게 움직이게 해 줘요.

130-131쪽 정답이야.

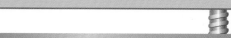

집중탐구 퀴즈

문제를 잘 읽고 맞는 것을 골라봐. 쉽지 않을걸!

물과 식물

물을 아끼려면 어쩔 수 없어.

앗! 따가워. 식물이야? 고슴도치야?

물에 사는 식물

와! 물 위에서도 꽃이 피잖아?

이 부레옥잠님 에게 또 반했군

공주병! 잎과 줄기에 공기 빼버려?

73 풀이 자라려면 햇빛, 흙, 물, 공기 등이 필요해. 물이 부족하면 어떨까?

① 흙을 물로 만들어.
② 햇빛을 물로 만들어.
③ 말라죽게 돼.

74 나무는 겨울이 되면 물을 아껴야 해. 어떻게 물을 아낄까?

① 잎을 떨어뜨려.
② 뿌리를 잘라 버려.
③ 가지를 더 많이 만들어.

75 선인장은 물이 부족한 사막에서도 잘 살아. 왜 그럴까? (답은 2개)

① 잎이 가시로 변해서
② 줄기에 물을 저장해서
③ 햇빛으로 물을 만들어서

76 땅에선 풀과 나무 같은 식물이 산소를 만들어 내. 그럼 물속에는 누가 산소를 만들어 낼까?

① 물   ② 물고기
③ 물속 식물

77 물속엔 미역이나 검정말 같은 식물이 살아. 그럼 물 위에 떠서 사는 식물은 다음 중 무엇일까?

① 부레옥잠   ② 붕어말
③ 갈대

78 부레옥잠은 잎과 줄기가 물 위에 떠 있어. 뿌리는 어디에 있을까?

① 물 표면 아래 늘어져 있어.
② 물 밑 흙 속에 박혀 있어.
③ 물속 돌을 감고 있어.

물과 동물

물가를 걸으려면 이 정도 다리는 보통이야.

와! 롱다리 왜가리다.

물에 사는 동물

아가미로 물 속에 녹아있는 산소를 걸러낼 수 있거든.

우린 물 속에서 걱정없어.

79 낙타는 사막에서 물을 먹지 않고도 잘 견뎌. 왜 그럴까?

① 혹에 물을 저장해서
② 혹에 지방이 있어서
③ 땀을 흘리지 않아서

80 개구리나 도룡뇽은 건조한 곳에선 살기 힘들어. 왜 그럴까?

① 피부가 말라서
② 천적이 많아서
③ 먹이가 없어서

81 물 위를 헤엄치는 오리는 발에 물갈퀴가 있어. 그럼 물가를 걷는 왜가리나 두루미는 어떻게 생겼을까?

① 다리가 길어.
② 발가락이 없어.
③ 다리가 굵고 짧아.

82 땅 속에는 두더지나 지렁이 같은 동물이 살아. 그럼 물속 밑바닥에는 다음 중 누가 살까?

① 조개나 미꾸라지
② 물개나 가재

83 땅 위에 사는 사자는 폐로 숨을 쉬어. 그럼 물속에 사는 물고기는 어디로 숨을 쉴까?

① 폐   ② 피부
③ 아가미

84 짠물을 너무 많이 마시면 죽을 수 있어. 그런데 짠 바다에 사는 물고기는 어떻게 살 수 있는 걸까?

① 소금기를 아가미로 걸러 내서
② 소금기를 피부로 걸러 내서
③ 소금기를 비늘로 걸러 내서

정답과 해설은 뒤쪽에 있어.

집중탐구 퀴즈 정답&해설

물과 식물

물에 사는 식물

정답 73. ③ 74. ① 75. ①, ②

식물은 뿌리로 물을 흡수해요. 흡수된 물은 줄기를 통해 곳곳에 전달돼요. 특히 잎으로 간 물은 햇빛과 공기와 함께 영양분을 만드는 데 쓰여요. 비가 적은 가을엔 나무는 물이 빠져나가는 걸 막기 위해 물길을 막아요. 그러면 잎이 시들어 떨어져요. 선인장은 물이 적은 사막에서 살아남기 위해 몸의 모양을 바꾸었어요. 물이 빠져나가는 잎은 뾰족한 가시로 바꾸었고, 줄기는 물을 많이 저장하기 위해 넙적하게 바꾸었어요.

정답 76. ③ 77. ① 78. ①

물에서도 땅에서처럼 식물이 산소를 만들어요. 이 산소로 물속 생물들이 숨을 쉬어요.
물에 사는 식물 중엔 미역이나 검정말처럼 물속에 사는 것도 있고, 개구리밥이나 부레옥잠처럼 물 위에 둥둥 떠서 사는 것도 있어요. 개구리밥이나 부레옥잠은 잎자루와 줄기 속이 공기로 차 있어서 물 위에 떠 있을 수 있어요. 또 넓은 잎이 옆으로 퍼져 있고 긴 뿌리는 아래로 자라서 잘 쓰러지지 않아요.

136

물과 동물

정답 79.② 80.① 81.①

낙타는 물이 없어도 사막에서 오래 견딜 수 있어요. 등의 혹 속에 든 지방을 분해해 수분으로 만들어 부족한 물을 보충하기 때문이에요.

개구리나 도롱뇽은 폐뿐만 아니라 피부로도 숨을 쉬어요. 그래서 건조한 곳에서는 피부가 말라서 숨을 쉴 수 없어서 살지 못해요.

오리는 발에 물갈퀴가 있어서 헤엄을 잘 칠 수 있어요. 왜가리와 두루미는 다리가 길어서 물가를 걸을 때 깃털이 물에 젖지 않아요.

물에 사는 동물

정답 82.① 83.③ 84.①

땅 속에 두더지나 지렁이 같은 동물이 살 듯이 물속 밑바닥 속에도 조개나 미꾸라지 같은 동물이 살아요. 땅 위의 사자, 강아지처럼 대부분의 동물은 폐로 숨을 쉬지만, 물에 사는 물고기는 아가미로 물에 녹아 있는 산소를 걸러 내어 숨을 쉬어요.

사람은 짠 바닷물을 많이 마시면 몸에 물이 빠져나가서 죽을 수도 있어요. 하지만 바다에 사는 물고기는 아가미로 짠물을 걸러 낼 수 있어서 바다에서 살 수 있어요.

134~135쪽 정답이야.

집중탐구 퀴즈

문제를 잘 읽고 맞는 것을 골라봐. 쉽지 않을걸!

물의 오염 1

우유 먹기 싫어. 엄마 몰래 버려야지.

우유 1컵을 깨끗히하려면 어마어마한 양의 물이 필요해.

물의 오염 2

춥고, 몸도 무거워서 날지 못하겠어.

바다에 유출된 기름에 몸이 젖어서 그래. 으으~ 추워.

---

85 물이 오염되면 마실 물도 적어져. 다음 중 물을 가장 많이 오염시키는 것은?

① 집에서 쓰고 버리는 물
② 공장에서 버리는 물
③ 농장에서 버리는 물

86 집에서 쓰고 버리는 물 중 오염을 가장 많이 시키는 것은 뭘까?

① 세제를 넣어 빨래한 물
② 음식 찌꺼기가 썩은 물
③ 양치하고 버린 물

87 우유 200밀리리터 1컵을 깨끗이 하려면 물이 많이 필요해. 얼마나 필요할까?

① 200밀리리터 100컵
② 200밀리리터 1,000컵
③ 200밀리리터 1만 5,000컵

88 그물이나 기름통 등 쓰레기를 바다에 버리면 어떻게 될까?

① 바다가 메워져 땅이 돼.
② 물고기가 많아져.
③ 물고기가 죽어.

89 바다에서 배가 부서지면 기름이 퍼지게 돼. 어떤 일이 생길까? (답은 2개)

① 물고기가 떼죽음을 당해.
② 새가 날지 못해.
③ 바닷물이 늘어나.

90 바다가 붉어지는 적조 현상이 일어나면 물고기가 떼죽음을 당해. 적조 현상은 왜 일어날까?

① 비가 너무 많이 와서
② 육지의 쓰레기가 쓸려 가서
③ 붉은 흙이 쓸려 가서

물의 정화

수도꼭지만 틀면 물이 나와. 수도꼭지는 물 공장인가봐.

모르는 소리! 난 강에서 왔다고.

줄어드는 물

지구의 70%가 물이라는데.. 아~ 목말라.

마실물이 사라져서 그래.

---

91 수돗물은 이 곳에서 끌어 온 물이야. 어디에서 끌어 왔을까?

① 바다　　② 강
③ 우물

94 물이 지구의 70퍼센트를 덮고 있어. 그런데 왜 마실 물이 점점 부족할까?

① 나무를 마구 베어서
② 비가 오지 않아서
③ 동물과 식물이 많아져서

---

92 우리가 쓰고 버린 물은 어디로 갈까?

① 하수 처리장으로
② 분뇨 처리장으로
③ 땅 속으로

95 왜 나일강의 나라들은 댐을 세울 때도 다른 나라의 동의를 얻어야 할까?

① 다른 나라의 물이 적어질까 봐
② 다른 나라의 물이 오염될까 봐
③ 다른 나라의 해초가 적어질까 봐

---

93 강물에는 세균이나 몸에 해로운 것이 많이 들어 었어. 그런데 왜 수돗물은 먹어도 괜찮은 걸까?

① 강이 흐르는 동안 깨끗해져서
② 깨끗이 정수 시설을 거쳐서
③ 깊은 강물만 사용해서

96 미국처럼 사용할 수 있는 물이 풍부한 나라를 물 풍요 국가라고 해. 그럼 이 집트처럼 물이 항상 적은 나라를 뭐라 고 할까?

① 물 부족 국가　② 물 기근 국가
③ 물 적은 국가

정답과 해설은 뒤쪽에 있어.

집중탐구 퀴즈 정답 & 해설

물의 오염 1

물의 오염 2

정답 85. ① 86. ① 87. ③

물은 우리가 쓰고 버린 생활하수, 농장에서 버리는 농축산 폐수, 또 공장에서 버리는 산업 폐수 등에 의해 오염돼요. 이 중 물을 가장 많이 오염시키는 건 우리가 쓰고 버린 생활하수예요. 빨래나 설거지를 할 때 쓰는 합성 세제가 잘 분해되지 않기 때문이에요.

우리가 버린 우유 200밀리리터를 깨끗이 하려면 버린 우유의 1만 5,000배인 300만 밀리리터의 깨끗한 물이 필요해요.

정답 88. ③ 89. ①, ② 90. ②

물고기들이 사람이 바다에 버린 그물이나 기름통에 걸려 떼죽음을 당하기도 해요. 또 바다를 지나던 배가 빙산이나 해초에 부딪쳐 기름이 새어 나오면, 새는 깃털에 기름이 묻어 날지 못해 죽고, 바다 생물들은 기름을 먹고 죽기도 해요.

바다에 음식 찌꺼기가 쓸려 영양분이 많아지면 플랑크톤이 갑자기 늘어나게 되어서 적조 현상이 일어나요. 그러면 플랑크톤 때문에 바다에 산소가 적어져 물고기가 떼죽음을 당해요.

물의 정화

네가 여기서 세수하고, 설거지하고, 목욕한 물이 다 여기서 깨끗한 물로 걸러지는 거야!

나 가끔 하수도에 오줌도 싸는데!

줄어드는 물

설거지할 때 세제 대신 밀가루를 묻혀 닦아요!

변기에 벽돌을 넣으면 물을 아낄 수 있다고!

양치질할 때 물을 틀어 놓지 않고 컵에 받아서 써요!

치카 치카

정답 91. ② 92. ① 93. ②

수도꼭지를 틀면 나오는 물은 대부분 강에서 물을 끌어 와서 정수한 물이에요.

정수장에서는 강물에 섞인 모래를 가라앉히고, 약품을 섞어서 이물질을 걸러 내요. 또 물에 남은 세균을 죽인 후 깨끗하게 정수해요. 그리고 저장한 후 각 가정으로 보내요.

우리가 쓰고 버린 물은 하수 처리장으로 보내 다시 깨끗이 정수한 후 하천으로 흘려 보내요.

정답 94. ① 95. ① 96. ②

나무가 베어지고 지구가 오염되면서 우리가 사용할 수 있는 물이 점점 줄어들고 있어요.

이집트는 나일강의 물을 이용하기 위해 아스완 댐을 세웠어요. 하지만 에티오피아의 댐 건설엔 자기 나라의 물이 부족해질까 봐 반대했어요. 미국처럼 물이 풍요한 나라를 물풍요 국가, 우리 나라처럼 물이 주기적으로 부족한 나라는 물 부족 국가, 그리고 이집트처럼 물이 항상 부족한 나라를 물 기근 국가라고 해요.

138-139쪽 정답이야.

교과서 도전 퀴즈

학교 시험에는 어떻게 나올까? 도전해봐!

정답 144쪽

1 큰비가 내린 후 주변의 모습 변화

4학년

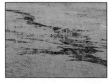  

1. 비가 내린 후 땅이 패여 물이 고여 있다. (○, ×)

2. 비가 많이 오면 강물이 불어난다. (○, ×)

3. 낮은 곳에 흙이 쌓여 있다. (○, ×)

2 물의 부피의 변화

4학년

1. 요쿠르트가 얼면 뚱뚱해진다. (○, ×)

2. 물을 가득 채운 유리병을 냉동실에 넣어두면 깨지는 것은 물의 부피가
   작아지기 때문이다. (○, ×)

3. 물보다 얼음이 부피가 크다. (○, ×)

4. 얼음은 물 위에 뜬다. (○, ×)

144쪽 정답 5 1. ○ 2. × 3. ○ 4. × 5. ○

기대하시라!

3 액체의 성질 　　　　　　　　　　　　　　　　　　　4학년

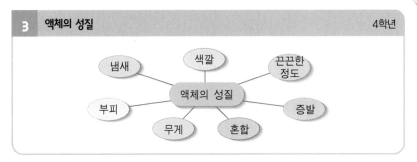

냄새 | 색깔 | 끈끈한 정도
액체의 성질
부피 | 무게 | 혼합 | 증발

1. 액체마다 색깔, 냄새, 흔들리는 정도가 다르다. (○ , ×)

2. 유리판에 각각 물, 알코올, 식용유를 한 방울씩 떨어뜨리면 알코올이 가장 먼저 증발한다. (○ , ×)

3. 물에 아세톤을 넣으면 섞이지 않는다. (○ , ×)

4. 같은 부피의 물 , 알코올, 식용유 중에서 물이 가장 무겁다. (○ , ×)

4 물의 가열과 냉각 　　　　　　　　　　　　　　　　　4학년

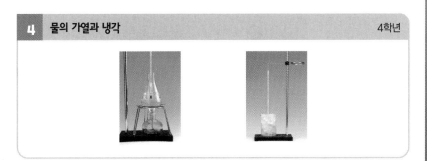

1. 물이 끓기 전까지 온도는 계속 올라간다. (○ , ×)

2. 물이 끓으면 기체 상태의 수증기가 된다. (○ , ×)

3. 물을 냉각시킬 때 물이 얼기 전 물의 온도는 변함이 없다. (○ , ×)

4. 물이 얼면 고체인 얼음이 된다. (○ , ×)

5	흐르는 물에 의한 땅 모습 변화	4학년

• 유수대에 흐르는 물의 양을 다르게 했을 때

물의 양이 적을 때	• 물길이 좁고, 얕게 파임. • 씻겨 내려간 흙과 모래의 양이 적음. • 쌓인 흙과 모래의 양이 적음.
물의 양이 많을 때	• 물길이 넓고, 깊게 파임. • 씻겨 내려간 흙과 모래의 양이 많음. • 쌓인 흙과 모래의 양이 많음.

• 유수대의 기울기를 다르게 했을 때

기울기가 클 때	• 물이 빨리 흐르며, 지면이 더 깊게 파임. • 씻겨 내려간 흙과 모래의 양이 많음.
기울기가 작을 때	• 물이 천천히 흐르며, 지면이 얕게 파임. • 씻겨 내려간 흙과 모래의 양이 적음.

1. 유수대에 흐르는 물의 양이 많으면 씻겨 내려간 흙과 모래의 양이 많다. (○ , ×)

2. 유수대에 흐르는 물의 양이 적을 때 쌓인 흙과 모래의 양은 많다. (○ , ×)

3. 유수대의 기울기가 클 때 물이 빠르게 흐른다. (○ , ×)

4. 유수대의 기울기가 작을 때 씻겨내려간 모래의 양이 많다. (○ , ×)

5. 물의 양이 적고, 기울기가 작으면 씻겨내려간 모래의 양이 적다. (○ , ×)

142쪽 정답 ❶ 1.○ 2.○ 3.○ ❷ 1.○ 2.× 3.○ 4.○

6	흐르는 물의 작용		4학년
위치	특징	작용	강 주변의 모습
강 상류	물의 양이 적고 흐름이 빠름.	침식 작용	댐, 산골 마을, 밭 등
강 중류	물의 양이 상류보다 많고 흐름이 느림.	운반 작용	과수원, 논, 밭, 목장 등
강 하류	물의 양이 매우 많고 흐름도 매우 느림.	퇴적 작용	큰 도시, 어촌 마을, 모래사장 등
바다	바다 밑의 땅 모양은 육지와 비슷함.		

1. 강의 상류는 물의 양이 많고, 흐름이 빠르다. (○ , ×)

2. 강의 하류에서는 큰 도시와 어촌 마을, 큰 모래사장 등을 볼 수 있다. (○ , ×)

3. 경사가 급한 곳에 위쪽은 흙을 조금 깎고 아래쪽은 많이 깎인다. (○ , ×)

4. 바다 밑의 땅 모양은 육지의 모양처럼 높은 곳과 낮은 곳이 있다. (○ , ×)

7	물의 순환과정	5학년

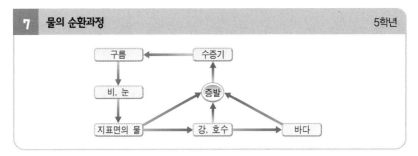

1. 공기 중의 수증기가 응결하여 지표면 가까이에 떠 있는 것이 구름이다. (○ , ×)

2. 구름 속의 물방울들이 뭉쳐 떠 있을 수 없어 떨어지는 것이 비이다. (○ , ×)

3. 물은 수증기, 비, 눈 등 여러 모습으로 바뀌면서 순환한다. (○ , ×)

4 Round

환경과 생물

stage 2

● **집중탐구 퀴즈**

환경이란? · 생물과 환경

생물과 비생물의 관계 ·
생물 사이의 관계

생태계 1 · 생태계 2

생태계의 파괴 · 주변의 생물

진화 · 진화와 퇴화

온도와 생물 · 빛과 생물

물과 생물 · 습지와 생물

갯벌과 식물 · 갯벌과 동물

● **속담 퀴즈**

● **또또 퀴즈**

stage 1

● O× 퀴즈

● 있다없다 퀴즈

● 네모 퀴즈

● 사다리 퀴즈

● 왜?왜? 퀴즈

stage 3

집중탐구 퀴즈

지구의 환경 1 · 지구의 환경 2
사막의 식물 1 · 사막의 식물 2
사막의 동물 1 · 사막의 동물 2
열대 우림의 식물 1 · 열대 우림의 식물 2
초원의 식물 · 초원의 동물
남극의 생물 · 북극의 식물
북극의 동물 1 · 북극의 동물 2
지구 온난화 · 산성비

stage 4

교과서 도전 퀴즈

육지의 먹이 피라미드

호수의 먹이 피라미드

stage 1

OX 퀴즈

맞으면 ○, 틀리면 ×에 ○표 하는 거야. 이제 시작이라고!

정답 150쪽

○ **1** 환경은 우리 주위를 둘러싼 모든 것을 말한다.

○ **2** 곰팡이는 분해자이다.

○ **3** 남극이 북극보다 따뜻하다.

○ **4** 제비는 겨울이 오면 겨울잠을 잔다.

○ **5** 사막에 사는 여우는 북극에 사는 여우보다 귀가 크다.

○ **6** 갯벌 위를 뛰어 다니는 물고기가 있다.

○ **7** 북극에 여름이 있다.

○ **8** 사막의 식물도 꽃을 피운다.

각 쪽을 잘 보고, 답을 맞춰봐. 누가 더 많이 맞췄을까……

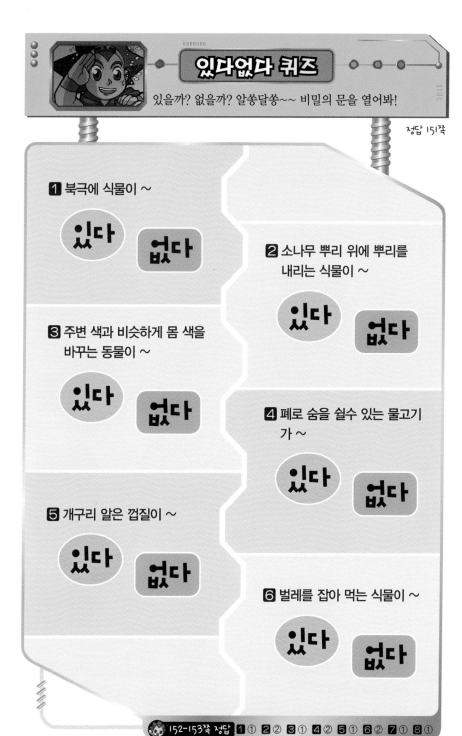

있다없다 퀴즈

있을까? 없을까? 알쏭달쏭~~ 비밀의 문을 열어봐!

1 북극에 식물이 ~

있다 없다

2 소나무 뿌리 위에 뿌리를 내리는 식물이 ~

있다 없다

3 주변 색과 비슷하게 몸 색을 바꾸는 동물이 ~

있다 없다

4 폐로 숨을 쉴수 있는 물고기가 ~

있다 없다

5 개구리 알은 껍질이 ~

있다 없다

6 벌레를 잡아 먹는 식물이 ~

있다 없다

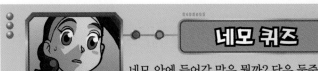

1 퉁퉁마디는 [   ]으로 소금기를 걸러낸다. ······ 잎 〉 뿌리

2 식물을 먹는 토끼는 [   ]이다. ············ 소비자 〉 생산자

3 선인장의 가시는 [   ]이 변한 것이다. ········ 잎 〉 줄기

4 타란튤라는 [   ]에 독이 있다. ············ 이빨 〉 더듬이

5 펭귄은 [   ]에 산다. ··················· 북극 〉 남극

6 일각돌고래의 머리에는 [   ]이 있다. ········ 뿔 〉 엄니

7 황제펭귄은 알을 수컷의 [   ]에 두고
품는다. ············ 발등 〉 날개

8 분홍색 바다코끼리는 물속에 들어가면
[   ]으로 변한다. ············ 검정색 〉 흰색

환경과 생물

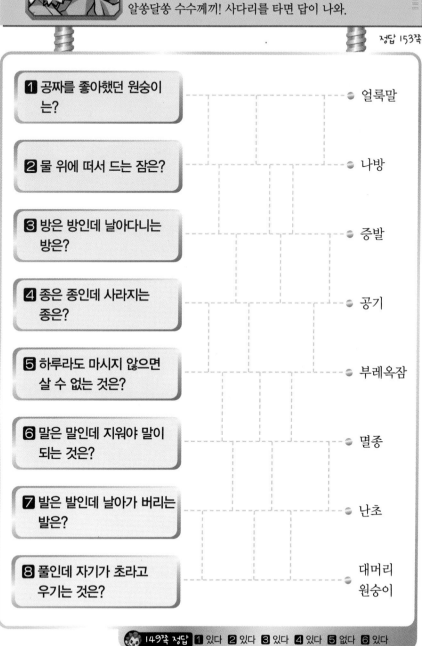

1 공짜를 좋아했던 원숭이는?

2 물 위에 떠서 드는 잠은?

3 방은 방인데 날아다니는 방은?

4 종은 종인데 사라지는 종은?

5 하루라도 마시지 않으면 살 수 없는 것은?

6 말은 말인데 지워야 말이 되는 것은?

7 발은 발인데 날아가 버리는 발은?

8 풀인데 자기가 초라고 우기는 것은?

얼룩말

나방

증발

공기

부레옥잠

멸종

난초

대머리 원숭이

149쪽 정답 **1** 있다 **2** 있다 **3** 있다 **4** 있다 **5** 없다 **6** 있다

왜 동식물이 죽으면 섞는 걸까?

① 미생물이 분해해서
② 햇빛이 뜨거워서

왜 풀숲에 청개구리는 잘 보이지 않을까?

① 몸 색이 투명해서
② 몸 색이 풀과 비슷해서

왜 중금속이 우리 몸에 들어오면 잘 빠져나가지 않을까?

① 세포와 결합해서
② 핏줄에 달라붙어서

왜 사막의 물개구리는 땅 속으로 들어갈까?

① 잠을 자려고
② 물을 뺏기지 않으려고

150쪽 정답 1 잎 2 소비자 3 잎 4 이빨 5 남극 6 엄니 7 발등 8 흰색

왜 아프리카코끼리의 귀가 아시아코
끼리보다 클까?

① 열을 더 잘 내보내려고
② 소리를 더 잘 들으려고

왜 심해의 칼라파고스 근처는 뜨거울
까?

① 물고기들이 섞는 열 때문에
② 바닷속 화산에서 나오는 열
  때문에

왜 사막꿩은 모래에 빠지지 않을까?

① 발가락 사이에 털이 나 있어서
② 발가락 사이에 돌기가 있어서

왜 검은 콩을 키운 콩나물은 노란색
일까?

① 빛을 가리고 키워서
② 물을 적게 주고 키워서

집중탐구 퀴즈

문제를 잘 읽고 맞는 것을 골라봐. 쉽지 않을걸!

환경이란?

공기, 바람, 풀, 사람 등 모두가 환경이에요.

생물과 환경

나방이 어디있지?

주변이 어두워지면서 이렇게 어두워져서 잘 안보여.

1 우리는 환경 속에서 살고 있어. 환경은 무엇일까?

① 동식물처럼 살아 있는 모든 것
② 공기처럼 살아있지 않은 모든 것
③ 동식물과 빛 등 모든 것

2 우리는 북극에선 따뜻한 옷을, 사막에선 시원한 옷을 입어. 이렇게 환경에 따라 생활 모습을 바꾸는 걸 뭐라고 할까?

① 적응   ② 공생   ③ 진화

3 환경은 우리 생활 모습과 태도, 행동에 영향을 줘. 그럼 반대로 우리도 환경에 영향을 줄까?

① 그럼, 영향을 줘.
② 아니, 영향을 주지 않아.

4 청개구리는 연못의 풀과 색이 비슷해 잘 안 보여. 그럼 나무 위의 자벌레는 왜 잘 안 보일까?

① 나뭇가지와 비슷해서
② 나뭇잎과 비슷해서

5 쥐를 잡아먹는 독수리의 부리는 짧고 끝이 휘었어. 그럼 갯벌 속 게를 잡아먹는 마도요의 부리는 어떻게 생겼을까?

① 짧고 두꺼워.   ② 길고 곧아.
③ 길고 아래로 굽었어.

6 산업 혁명 후 영국 도시에선 밝은 색 나방은 사라지고 검은색 나방만 남았어. 왜 그럴까?

① 공해로 온도가 올라가서
② 공해로 주변이 검게 변해서
③ 공해로 물이 더러워져서

생물과 비생물의 관계

흠! 공기 참 좋다.

물방울이 공기를 타고 구름이 돼.

기공으로 공기를 들여마셔.

생물사이의 관계

오늘 소나무 뿌리에 영양분이 어깨 부실한 거 같아.

기생하는 주제에 까탈스럽긴.

7 우리는 코로 공기를 들이마셔서 숨을 쉬어. 그럼 식물은 어디로 숨을 쉴까?

① 줄기 속의 물관으로
② 잎 뒷면의 기공으로
③ 잎의 잎맥으로

8 동식물은 공기가 없으면 살 수 없어. 그럼 구름과 비도 공기가 없으면 만들어지지 않을까?

① 그럼, 만들어지지 않아.
② 아니, 만들어져.

9 물은 증발되어 공기를 타고 하늘로 올라가 구름이 돼. 물은 어떻게 증발되는 걸까?

① 바람에 식어서
② 햇빛에 데워져서
③ 먼지와 합쳐져서

10 크기가 같은 두 개의 화분에 봉숭아를 각각 한 그루와 두 그루씩 심었어. 어느 쪽 봉숭아가 더 잘 자랄까?

① 한 그루를 심은 쪽
② 두 그루를 심은 쪽   ③ 똑같아.

11 악어는 악어새가 입 안에서 찌꺼기를 먹어도 잡아먹지 않아. 왜 그럴까?

① 먹이를 잡아다 줘서
② 크기가 작아서
③ 이빨을 청소해 줘서

12 송이버섯은 소나무 뿌리 위에 뿌리를 내려. 왜 그럴까?

① 영양분을 뺏으려고
② 병충해를 피하려고
③ 추위를 피하려고

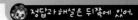

정답과 해설은 뒤쪽에 있어.

집중탐구 퀴즈 정답&해설

환경이란?

생물과 환경

정답 1.③ 2.① 3.①

환경은 우리를 둘러싼 모든 것을 말해요. 환경에는 동물과 식물처럼 살아 있는 것과 물과 공기처럼 살아 있지 않은 것이 모두 포함돼요.

우리는 각기 다른 환경에 적응해서 살아요. 추운 북극에선 따뜻한 옷을, 더운 사막에선 시원한 옷을 입는 것처럼요.

환경과 사람은 서로 영향을 주고받아요. 사람이 더러운 물과 공기를 내보내면 환경이 오염돼요. 그러면 환경은 사람에게 해가 되는 산성비를 내리는 것처럼요.

정답 4.① 5.③ 6.②

연못의 청개구리는 녹색이어서 눈에 잘 띄지 않아요. 또 나무의 자벌레는 나뭇가지처럼 길고 갈색이어서 눈에 잘 띄지 않아요.

독수리는 쥐나 뱀 같은 먹이를 잘 찢을 수 있도록 부리가 짧고 끝이 휘었어요. 마도요는 갯벌 속 게를 잘 집어 올릴 수 있도록 부리가 길고 아래로 구부러졌어요.

영국의 도시는 산업 혁명 후 공장에서 뿜는 연기 때문에 벽이 검어졌어요. 그래서 눈에 잘 띄지 않는 검은색 나방만 살아남았어요.

생물과 비생물의 관계

생물사이의 관계

정답 7. ② 8. ① 9. ②

공기는 산소, 이산화탄소, 질소 등으로 이루어진 기체로, 지구를 감싸며 환경에 영향을 줘요.

살아 있는 환경인 동물은 공기 속의 산소를 마시고 이산화탄소를 내보내며 숨을 쉬어요. 식물은 광합성을 할 때 기공으로 이산화탄소를 마시고 산소를 내보내며 숨을 쉬어요.

살아 있지 않은 환경인 구름도 공기가 없으면 만들어지지 않아요. 물방울이 햇빛에 데워져 수증기가 된 다음 공기를 타고 하늘로 올라가 구름이 되기 때문이에요.

정답 10. ① 11. ③ 12. ①

식물은 같은 크기의 땅이라면 수가 적을수록 더 잘 자라요. 햇빛과 영양분을 더 많이 얻기 때문이에요.

악어새가 악어 입 속의 찌꺼기를 먹으면 악어의 입은 청소가 돼요. 이렇게 서로 도움을 주는 관계를 '공생(共生)' 이라고 해요.

송이버섯은 엽록체가 없어서 광합성을 못 해요. 그래서 소나무 뿌리 위에 뿌리를 내려 영양분을 얻어요. 이렇게 한쪽은 이득을 얻고 한쪽은 피해를 보는 관계를 '기생(寄生)' 이라고 해요.

154-155쪽 정답이야.

집중탐구 퀴즈

문제를 잘 읽고 맞는 것을 골라봐. 쉽지 않을걸!

생태계 1

이게 다 스스로 영양분 생산자님 이니까 당연하지.

와~ 정말 사과가 맛있게 생겼다.

생태계 2

메뚜기다. 요즘엔 정말 보기 힘든데…

생태계가 파괴되면 모두 살기 힘들어요.

---

13 다음 중 스스로 영양분을 만드는 건 누구일까?

① 열매를 맺는 나무
② 알을 낳는 닭
③ 된장을 만드는 곰팡이

14 동물처럼 식물이나 다른 생물을 먹는 생물을 소비자라고 해. 그럼 식물처럼 스스로 영양분을 만드는 생물을 뭐라고 할까?

① 무생물 ② 생산자 ③ 분해자

15 동식물은 죽으면 썩어. 죽은 동식물을 썩히는 건 누구일까?

① 곰팡이 같은 미생물
② 개미 같은 곤충
③ 우산이끼 같은 식물

16 숲은 수많은 동물과 식물, 햇빛, 물, 공기 등이 서로 관계를 맺고 영향을 주고 살아가는 곳이야. 숲과 같은 것을 뭐라고 할까?

① 생활계 ② 생물계 ③ 생태계

17 서로 먹고 먹히는 풀, 메뚜기, 개구리, 뱀은 순서대로 그 수가 점점 적어져. 이것을 뭐라고 할까?

① 먹이 순환 ② 먹이 그물
③ 먹이 피라미드

18 갑자기 생산자인 풀이 줄어 들었어. 그럼 어떤 일이 일어날까?

① 초식 동물의 수가 줄어들어.
② 육식 동물의 수가 늘어나.
③ 초식 동물의 수가 늘어나.

생태계의 파괴

와! 새우맛 깡이다.
내가 먼저 가야지.

그런데 물고기
잡는 방법을
잊어버렸네.

주변의 생물

여름에 땀 한방울
안 흘리네.

땀 구멍이
없어서 혀로
열을 식히는
중이야.

19 배 위에서 갈매기에게 과자를 주는 건
좋지 않아. 왜 그럴까?

① 비만이 되어서
② 먹이를 스스로 찾지 않아서
③ 다른 먹이는 먹지 않아서

20 왜 반달가슴곰처럼 멸종 위기의 동물
이 점점 늘어날까? (답은 2개)

① 환경이 오염돼서
② 사람이 점점 많아져서
③ 사람들이 동물에게 먹이를 줘서

21 사람들이 동물을 잡아서 키우다 다시
자연으로 돌려보냈어. 왜 그럴까?

① 자연에서 살게 하려고
② 보호 시설이 부족해서
③ 너무 자라서

22 우리는 여름엔 땀을 흘려 몸을 식혀. 땀
구멍이 없는 개는 어떻게 몸을 할까?

① 오줌을 자주 눠서
② 털을 모두 뽑아서
③ 혀를 내밀어서

23 고양이도 개처럼 땀구멍이 없어. 그럼
더운 여름에 어떻게 몸의 열을 식힐까?

① 물속에 들어가서
② 몸을 자주 핥아서
③ 침을 뱉어 내서

24 여름이 되면 수컷 매미는 쉴새 없이
울어 대. 왜 그럴까?

① 먹이를 찾으려고
② 적을 위협하려고
③ 짝짓기를 하려고

정답과 해설은 뒤쪽에 있어.

생태계 1

생산자　　소비자
산소
이산화탄소
분해자

생태계 2

땅도, 호수도 식물이 모두 생산자네.

안녕하세요! 먹이 피라미드의 제왕, 토라예요.

정답 13. ① 14. ② 15. ①

지구의 모든 생물은 영양분을 섭취해서 살아가요.

대부분의 식물은 잎의 엽록체에서 빛과 물, 공기로 광합성을 해서 영양분을 스스로 만드는 '생산자' 예요. 반면에 동물은 스스로 영양분을 만들지 못하고 식물이나 다른 동물을 먹어서 영양분을 얻는 '소비자' 예요.

곰팡이 같은 미생물은 생물의 시체나 배설물을 분해해서 영양분을 얻는 '분해자' 예요. 분해자의 활동으로 동식물의 시체가 썩게 돼요.

정답 16. ③ 17. ③ 18. ①

생태계(生態系)는 어떤 지역 안에 동물과 식물, 물과 햇빛, 공기, 흙 등이 서로 관계를 맺고 살아가는 체계를 말해요.

풀은 메뚜기가, 메뚜기는 개구리가, 개구리는 뱀이 먹어요. 이렇게 사슬처럼 연결된 생물의 먹이 관계를 '먹이 연쇄' 라고 해요. 먹이 연쇄의 단계에 따라 생물을 수만큼 쌓으면 피라미드 모양이 돼요.

맨 아래 식물이 줄면 식물을 먹는 메뚜기와 메뚜기를 먹는 개구리, 개구리를 먹는 뱀의 수가 줄어요.

생태계의 파괴

주변의 생물

정답 19. ② 20. ①, ③ 21. ①

우리가 무심코 하는 행동이 생태계를 파괴할 수 있어요.

배에서 갈매기에게 과자를 던져 주면 안 돼요. 갈매기가 스스로 먹이를 구하는 법을 잊어버려서 야성을 잃을 수 있기 때문이에요.

생태계가 파괴되면서 점점 멸종 되는 동물이 많아져요. 그래서 반달가슴곰 같은 멸종 위기 동물의 새끼를 보호 시설에서 어느 정도 자랄 때까지 돌봐요. 그리고 자연 적응 훈련을 시킨 후 자연으로 돌려보내요.

정답 22. ③ 23. ② 24. ③

주변에서 흔히 볼 수 있는 생물들도 환경에 적응해 살아가요.

개와 고양이는 땀구멍이 없어서 더운 여름엔 가늘고 짧은 털로 털갈이를 해요. 또 개는 코에 침을 바르거나 혀를 내밀어 몸의 열을 식혀요. 고양이는 쉴새 없이 몸을 핥아 몸의 열을 식혀요.

매미는 7년 정도 땅 속에서 애벌레로 지내다 땅 위로 올라와 어른벌레가 돼요. 수컷 매미는 열흘 정도를 살아요. 이 열흘 동안 열심히 울어 암컷을 찾아 짝짓기를 한 후 죽어요.

158-159쪽 정답이야.

집중탐구 퀴즈

문제를 잘 읽고 맞는 것을 골라봐. 쉽지 않을걸!

진화

어류가 진화해서 양서류가 되었데.

그럼, 우리 조상이 물고기?

진화와 퇴화

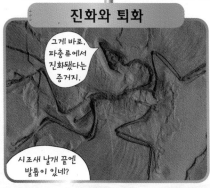

그게 바로, 파충류에서 진화됐다는 증거지.

시조새 날개 끝엔 발톱이 있네?

25 맨 처음 생물은 뼈가 없었어. 그럼 맨 처음 등뼈가 있는 동물은 무엇일까?

① 뱀 같은 파충류
② 개구리 같은 양서류
③ 붕어 같은 어류

26 어류인 폐어는 개구리 같은 양서류의 모습이 있어. 어떤 모습일까?

① 폐로 숨을 쉬는 모습
② 피부 같은 비늘
③ 다리 같은 지느러미

27 물에 살던 물고기가 땅 위로 올라와 양서류가 되었어. 왜 물고기는 땅 위로 올라왔을까?

① 물이 말라서
② 땅 위에 먹이가 많아져서
③ 물속에 적이 많아져서

28 중생대의 시조새는 파충류와 조류의 모습이 있어. 파충류의 모습은 무엇일까?

① 작은 머리에 큰 눈
② 날개 끝의 발톱
③ 꽁지의 깃털

29 펭귄은 날 필요가 없어지면서 날개가 지느러미처럼 진화했어. 왜 날 필요가 없어졌을까?

① 바다 속에 먹이가 많아서
② 살이 쪄서 몸이 무거워져서

30 깊은 바다에 사는 물고기는 대부분 눈이 퇴화되어 앞을 볼 수 없어. 왜 눈이 퇴화됐을까?

① 온도가 너무 낮아서
② 수압이 너무 세서
③ 너무 어두워서

162

온도와 생물

여름이라서 그런지 호흡이 빨라지네

빛과 생물

시력도 나쁘면서 눈은 왜 부릅뜨고 그래?

모르는 소리! 나에겐 초음파가 있다고.

31 개구리는 겨울에 겨울잠을 자. 그럼 겨울잠을 자지 않는 제비는 어떻게 할까?

① 따뜻한 지역으로 이동해.

② 동굴 속으로 들어가.

③ 땅 속으로 들어가.

32 금붕어는 여름엔 숨을 많이 쉬고 겨울엔 적게 쉬어. 왜 그럴까?

① 몸 속 활동 양이 달라져서

② 몸의 피의 양이 달라져서

③ 비늘의 개수가 달라져서

33 사막에 사는 여우는 북극에 사는 여우보다 귀가 커. 왜 그럴까?

① 먹이를 유혹하려고

② 몸의 열을 내보내려고

③ 귀에 물을 저장하려고

34 식물은 햇빛을 받아 영양분을 만들어. 그럼 햇빛이 잘 들지 않는 그늘엔 식물이 살지 않을까?

① 그럼, 살지 않아.

② 아니, 살아.

35 노란색 콩나물은 콩을 햇빛을 가려서 길러. 그럼 콩을 햇빛을 가리지 않고 키우면 어떤 색 콩나물이 될까?

① 흰색   ② 검은색

③ 녹색

36 밤에 활동하는 부엉이는 눈이 좋아서 먹이를 잘 찾아. 그럼 눈이 나쁜 박쥐는 밤에 어떻게 먹이를 찾을까?

① 초음파를 쏴서

② 냄새를 맡아서

③ 날개에서 빛을 내서

정답과 해설은 뒷쪽에 있어.

집중탐구 퀴즈 정답 & 해설

진화

진화와 퇴화

맨 처음 바다 속에서 탄생한 생물은 뼈가 없는 박테리아 같은 미생물이었어요. 그러다 박테리아는 점점 해파리 같은 단세포 동물, 뼈 있는 다세포 동물, 뼈 없는 다세포 동물로 진화했어요. 등뼈가 있는 최초의 다세포 동물이 바로 붕어 같은 어류예요.

물속에 생물이 늘어나면서 어류에겐 적도 많아졌어요. 그래서 어류는 땅 위로 올라가서 개구리 같은 양서류로 진화했어요. 그 예가 물속에 사는 어류이면서 양서류처럼 폐로도 숨을 쉬는 폐어예요.

시조새를 보면 파충류가 조류로 진화한 걸 알 수 있어요. 시조새는 파충류처럼 부리엔 날카로운 이빨이 있고, 날개 끝엔 발톱이 달린 세 개의 발가락이 있었기 때문이에요.

남극의 바다엔 물고기가 풍부해서 펭귄은 하늘을 날 필요가 없었어요. 그래서 날개는 헤엄치기 좋은 지느러미 모양으로 진화했어요.

깊은 바다는 빛이 들지 않아서 앞이 보이지 않을 정도로 어두워요. 그래서 깊은 바다 속의 물고기들은 눈이 대부분 퇴화됐어요.

온도와 생물

빛과 생물

정답 **31.** ① **32.** ① **33.** ②

동물들은 여러 방법으로 겨울을 나요. 개구리는 겨울잠을 자고, 제비는 따뜻한 곳을 찾아 이동해요. 또 개는 털갈이를 해요.

물고기는 여름보다 겨울에 숨을 적게 쉬어요. 온도가 높으면 몸 속 활동이 더 활발해져서 많은 산소가 필요하기 때문에 호흡이 빨라져요. 그리고 온도가 낮으면 몸 속 활동이 둔해져서 호흡이 느려지는 거예요. 사막의 여우 귀는 북극의 여우 귀보다 커요. 귀가 크면 몸의 열을 잘 내보낼 수 있기 때문이에요.

정답 **34.** ② **35.** ③ **36.** ①

식물은 빛이 있어야 영양분을 만들 수 있어요. 하지만 팔손이, 주름조개풀처럼 그늘을 좋아하는 식물도 있어요. 이런 식물들은 빛이 강하면 오히려 죽을 수 있어요.

콩나물이 노란색인 건 콩에 검은 천을 씌워 빛을 막아 길렀기 때문이에요. 만약 빛을 쬐어 기르면 광합성을 해서 녹색 콩나물이 돼요.

밤에 활동하는 박쥐는 눈이 아주 나빠요. 하지만 초음파를 쏜 후 반사되어 돌아오는 초음파를 듣고 먹이를 찾아요.

162-163쪽 정답이야.

집중탐구 퀴즈

문제를 잘 읽고 맞는 것을 골라봐. 쉽지 않을걸!

물과 생물

부레옥잠님은 물을 깨끗하게 해주지.

습지와 생물

음냐음냐! 역시 습지 벌레가 짱이야.

헉! 벌레잡는 괴물 식물이다.

37 식물의 뿌리는 사는 곳의 물의 양에 따라 모양이 달라. 다음 중 뿌리가 가장 긴 식물은 누굴까?

① 수련처럼 물 위에 사는 식물
② 선인장처럼 사막에 사는 식물

38 부레옥잠은 물을 흡수해. 부레옥잠은 물에 어떤 영향을 줄까?

① 물의 양을 늘려 줘.
② 물이 썩지 않게 해 줘.
③ 물의 온도를 낮춰 줘.

39 뱀의 알과 달리 개구리의 알엔 껍질이 없어. 왜 그럴까?

① 하루 만에 깨어나서
② 거품으로 싸여 있어서
③ 물속에 있어서

40 습지엔 물이 오랫동안 고여 있어도 썩지 않아. 왜 그럴까?

① 식물이 많아서
② 동물이 많아서
③ 지하수가 계속 나와서

41 습지엔 질소와 인이 부족해. 그럼 습지에 사는 끈끈이주걱은 어떻게 질소와 인을 섭취할까?

① 다른 식물의 영양분을 빼앗아서
② 벌레를 잡아먹어서

42 습지의 식충 식물인 통발의 벌레잡이 통은 이것이 변한 거야. 무엇이 변했을까?

① 잎　　② 줄기　　③ 꽃

갯벌과 식물

줄기 속에 소금기가 있어서 그렇지.

넌 왜 이렇게 줄기가 퉁퉁 부었니?

갯벌과 동물

우리에겐 접착제 같은 족사가 있거든!

높은 파도가 쳐도 끄떡없이 붙어있네?

43 갯질경이는 소금기가 섞인 바닷가 풀밭에 살아도 죽지 않아. 왜 그럴까?

① 잎으로 소금기를 내보내서
② 소금를 걸러 내고 흡수해서
③ 소금을 영양분으로 만들어서

44 퉁퉁마디는 소금기를 내보는 곳이 없어. 그럼 소금기를 어떻게 할까?

① 소금을 영양분으로 써.
② 줄기에 저장해.
③ 뿌리로 만들어.

45 갯벌의 식물은 밀물이나 썰물에 쓸려 가지 않아. 왜 그럴까?

① 땅 속 깊이 뿌리를 내려서
② 뿌리에 털이 많아서
③ 잎에 빨판이 있어서

46 말뚝망둑어는 갯벌 위를 뛰어다니는 물고기야. 그럼 숨은 어떻게 쉴까?

① 입으로 거품을 만들어서
② 갯벌 속에 들어가서
③ 입에 물을 가득 담아서

47 바지락은 갯벌 속에 사는 조개야. 그럼 홍합은 어디에 사는 조개일까?

① 말뚝망둑어의 등 위에
② 갯벌의 식물 위에
③ 갯벌의 바위 위에

48 갯벌의 바위에 붙어 사는 홍합은 파도가 쳐도 쓸려 가지 않아. 왜 그럴까?

① 접착제 같은 족사가 있어서
② 껍데기에 빨판이 있어서
③ 껍데기로 바위를 물어서

정답과 해설은 뒤쪽에 있어.

집중탐구 퀴즈 정답&해설

물과 생물

물이 많아서 뿌리가 짧아.

물을 찾으려고 30미터까지 뿌리를 내려.

민들레

부레옥잠

매스키트

나의 식탐처럼 정말 끝없이 뻗어 있네.

습지와 생물

부유 식물 — 물옥잠

개구리밥

수련

부엽 식물

마름

찡~

침수 식물 — 검정말

나사말

정답 37.② 38.② 39.③

식물의 뿌리는 주로 물을 흡수해요. 그래서 물이 거의 없는 사막에 사는 식물은 물을 잘 빨아들이기 위해 뿌리가 굵고 길어요.

부레옥잠처럼 물에 사는 식물은 물속에서 영양분을 흡수해요. 반대로 산소를 내뿜어 물이 썩지 않게 하고, 물속 동물들이 숨 쉴 수 있게 해요. 대부분 동물의 알은 뱀의 알처럼 알이 마르지 않게 껍질로 싸여 있어요. 하지만 물이 충분한 물속에 있는 개구리나 물고기의 알엔 껍질이 없어요.

정답 40.① 41.② 42.①

축축한 습지엔 식물이 많아요. 연못이나 늪지로 싸여 있어 땅에 영양분이 많고, 물 흐름이 느려 홍수가 잘 나지 않기 때문이에요. 반대로 식물이 산소를 뿜어서 물이 오랫동안 고여 있어도 썩지 않아요.

하지만 습지엔 식물에게 필요한 질소와 인이 부족해요. 그래서 습지에 사는 끈끈이주걱이나 통발 같은 식충식물은 벌레를 잡아먹어 질소와 인을 섭취해요. 끈끈이주걱은 잎의 끈끈한 액체로, 통발은 잎이 변한 벌레잡이통으로 벌레를 잡아요.

갯벌과 식물

일이 이렇게 두꺼우니 거센 바닷바람에도 끄떡없지.

이렇게 뿌리를 깊게 내렸으니 파도에도 쓸려 가지 않지!

정답 43.① 44.② 45.①

바닷물이 드나드는 소금기가 있는 갯벌에도 식물이 사는데, 이런 식물을 '염생 식물'이라고 해요. 염생 식물은 다양한 방법으로 소금기에 적응해 살아요.

갯질경이는 물과 함께 빨아들인 소금기를 잎으로 옮겨 '염선'이라는 곳으로 배출해요. 또 퉁퉁마디는 소금기를 줄기 마디의 세포에 저장해요.

또 염생 식물은 바닷물이 드나들고 파도가 쳐도 쓸려 가지 않아요. 갯벌 속에 뿌리를 깊게 내렸기 때문이에요.

갯벌과 동물

도대체 다들 어디로 숨은 거야?

토라야, 밀물 들어올 시간이야! 가자!

쉿! 토라가 나타났어!

정답 46.③ 47.③ 48.①

갯벌엔 영양분과 산소가 풍부해서 수많은 동물이 살아요.

말뚝망둑어는 물고기지만, 갯벌 위에서 22~60시간 머물 수 있어요. 갯벌 위에선 입 안에 물을 가득 머금고 아가미를 적셔 가며 숨을 쉬어요.

바지락, 동죽, 백합 등 대부분의 조개는 갯벌 속에 살아요. 하지만 홍합과 복털조개는 바위에 붙어 살아요. 이 조개들은 접착제 같은 족사로 바위에 붙어 있어서 파도에 쉽게 쓸려 가지 않아요.

166-167쪽 정답이야.

속담퀴즈 열쇠를 찾아봐. 속담이 보일거야.

■■에 꽃씨를 뿌린다고 꽃을 피울까

➔ 전혀 가능성이 없는 것을 하려고 한다.

사흘 책을 안 읽으면 머리에 ■■■가 슨다.

➔ 책을 안 읽으면 머리가 낡아진다.

■소 보듯 소 ■ 보듯

➔ 서로 마주 보면서도 모른 척 한다.

재주는 ■이 넘고 돈은 주인이 번다.

➔ 수고한 사람은 따로 있는데 엉뚱한 사람이 돈이나 칭찬을 받는다.

■■가 바늘 구멍 통과한다.

➔ 너무 어렵고 힘든 일이다.

닭

사막

곰

낙타

곰팡이

또또퀴즈

정답 33쪽

다음 그림에서 파리는 모두 몇 마리 일까?

과연~
만만치 않을걸?

125쪽 정답

또또 퀴즈~ 정말 재미있다. 어디 어디 숨었을까?

집중탐구 퀴즈

stage 3

문제를 잘 읽고 맞는 것을 골라봐. 쉽지 않을걸!

지구의 환경 1

지구의 환경 2

49 지구의 기후는 적도에서 멀어질수록 추워져. 왜 그럴까?

① 땅이 받는 태양 에너지가 적어서
② 바람이 많이 불어서
③ 바다가 넓어져서

50 남극과 북극엔 6개월 동안 낮이 계속되기도 해. 이런 현상은 왜 일어날까?

① 지구가 움직이지 않아서
② 태양이 움직이지 않아서
③ 지구가 기울어져 있어서

51 지구는 여러 기체인 대기로 둘러싸여 있어. 대기는 어떤 일을 할까? (답은 2개)

① 지구가 너무 뜨겁거나 차가워 지지않게 해 줘.
② 생물이 숨 쉴 수 있게 해 줘.
③ 영양분을 만들어 줘.

52 지구 표면의 70퍼센트가 바다야. 다음 중 바다가 하는 일은 뭘까?

① 기온이 갑자기 변하지 않게 해.
② 공기의 양이 항상 같게 해.
③ 땅이 점점 넓어지게 해.

53 북극이 남극보다 따뜻해. 왜 그럴까?

① 남극은 땅이고, 북극은 바다여서
② 남극이 북극보다 태양에서 멀어서
③ 남극에 북극보다 생물이 적어서

54 지구에 점점 사막이 늘어나고 있어. 사막이 늘어나면 다음 중 어떤 일이 일어날까?

① 비가 아주 많이 와.
② 물 부족현상이 일어나.
③ 바닷물이 늘어나.

사막의 식물 1

물이 나가는 걸 막으려고 잎이 가시로 변했거든.

잎은 없고 웬 가시?

사막의 식물 2

꽃 피우고, 번식하느라 바쁘다 바빠.

사막은 비가 오는 기간이 짧아.

55 사막에 사는 선인장은 잎이 가시로 변했어. 왜 변한 걸까?

① 햇빛을 적게 받으려고
② 물을 많이 저장하려고
③ 바람을 적게 받으려고

56 식물은 잎으로 광합성을 해. 그럼 잎이 가시로 변한 선인장은 어디로 광합성을 할까?

① 꽃   ② 줄기
③ 뿌리

57 선인장은 다른 곳에 사는 식물보다 느리게 자라. 왜 그럴까?

① 꽃이 피지 않아서
② 광합성이 활발하지 못해서
③ 뿌리가 짧아서

58 사막의 선인장은 줄기에 물을 저장해. 그럼 메스키트나무는 어떻게 살까?

① 선인장의 줄기에 뿌리를 내려서
② 뿌리에 물을 저장해서
③ 물이 있는 곳까지 뿌리를 내려서

59 사막은 아주 건조해. 그럼 사막 식물은 언제 꽃을 피울까?

① 이슬이 생기는 새벽에
② 비가 올 때
③ 주변에서 동물이 죽을 때

60 이 식물은 평소엔 잎이 늘어져 시든 듯 보이다가 비가 오면 되살아나. 이 식물은 누구일까?

① 조약돌풀   ② 웰위치아
③ 용설란

정답과 해설은 뒤쪽에 있어.

지구의 환경 1

지구의 환경 2

정답 49. ① 50. ③ 51. ①, ②

지구는 적도 근처가 볼록한 타원형이에요. 그래서 적도에서 멀어질수록 같은 면적의 땅이 받는 태양 에너지의 양이 줄어서 추워져요.

지구는 약간 기울어진 채 태양 주위를 돌아요. 그래서 북극과 남극엔 백야 현상이 일어나요.

지구는 산소, 이산탄소, 질소 등의 기체가 섞인 대기(大氣)로 둘러싸여 있어요. 대기는 지구가 너무 덥거나 춥지 않게 하고, 우주의 해로운 물질을 막아줘요. 또 산소와 이산화탄소는 생물이 숨을 쉬게 해 줘요.

정답 52. ① 53. ① 54. ②

바닷물은 햇빛에 천천히 데워졌다가 천천히 식어요. 그래서 표면의 70퍼센트가 바다로 둘러싸인 지구의 온도가 급격히 변하지 않아요. 또 바다인 북극이 남극보다 온도 변화가 심하지 않고 덜 추워요.

지구는 육지의 3분의 1이 사막이에요. 나무를 많이 베고, 산을 깎아서 사막이 점점 늘고 있어요. 사막이 늘면 산소가 점점 부족해져서 동물이 멸종하고, 물 부족현상으로 식량난이 생기게 돼요. 또 이산화탄소가 많아져 지구온난화 원인이 돼요.

사막의 식물 1

가시 투성이잖아? 먹지도 못하게 따끔거리네!

잘 아네!! 너 같은 녀석이 못 먹게 하는 가시라고!

가시는 원래 잎이었어. 물이 못 빠져나가게 가시로 변했어.

정답 55. ② 56. ② 57. ②

선인장은 사막에 살기 위해 여러 가지 방법으로 적응을 했어요.
선인장의 물이 빠져나가는 걸 막기 위해 잎은 가시로 변했어요. 대신 광합성을 줄기에서 해요.
또 숨구멍인 기공 역시 줄기에 있어요. 기공은 물이 적게 빠져나가게 하려고 모양이 좁고, 넓게 퍼져 있어요. 또 개수가 적어요.
하지만 선인장은 물이 적게 빠져나가는 대신 광합성이 활발하지 못해요. 그래서 다른 식물보다 느리게 자라요.

사막의 식물 2

물이 없어 죽었구나. 다음 세상엔 습지에 태어나길!

모르는 소리! 웰위치아는 물만 주면 지금이라도 바로 다시 살아날 수 있어.

정답 58. ③ 59. ② 60. ②

물이 부족한 사막에 사는 선인장은 줄기에 물을 저장해요. 메스키트 나무는 물이 있는 곳을 찾아서 뿌리를 30미터까지 길게 내리기도 해요. 또 웰위치아는 지름이 60~120 센티미터나 되는 무 같은 두꺼운 뿌리로 물을 흡수해요.
사막은 비가 내리는 시기가 짧아요. 그래서 사막 식물들은 자신의 생장보다는 꽃을 피우고 번식하는 데 힘을 써요. 또 웰위치아는 평소엔 죽은 듯 보이지만 비만 오면 살아나 2,000년 정도 살아요.

172-173쪽 정답이야.

집중탐구 퀴즈

문제를 잘 읽고 맞는 것을 골라봐. 쉽지 않을걸!

사막의 동물 1

어서 가자! 저기 오아시스가 있대.

전 아직 괜찮아요. 지방을 물로 만들면 되거든요.

사막의 동물 2

앗! 뜨거워. 사막의 낮은 너무 뜨거워.

얼른 들어가서 새벽에 나오자.

61 낙타는 물이 부족하면 혹의 지방을 분해해서 흡수해. 그럼 치타는 어떻게 할까?

① 오줌을 마셔.
② 동물을 잡아 피를 마셔.
③ 선인장의 줄기를 먹어.

62 이구아나는 선인장으로 물을 얻어. 선인장의 가시를 어떻게 먹을까?

① 발로 가시를 뽑아서
② 두꺼운 입술과 이빨로 가시까지 씹어서

63 나미브 사막의 딱정벌레는 물을 직접 만들어. 어떻게 만들까?

① 침을 모아서
② 피를 몸 밖으로 내보내서
③ 안개를 등에 맺히게 해서

64 대부분 사막 동물의 털은 밝은 색이야. 왜 그럴까?

① 털에 물을 저장하려고
② 모래 속에 숨으려고
③ 햇빛을 반사하려고

65 대부분 사막 동물은 밤이나 새벽에 활동해. 왜 그럴까?

① 밤이 조용해서
② 밤이 시원해서
③ 밤에 바람이 덜 불어서

66 캥거루쥐는 낮엔 땅 속에서 더위를 피해. 그럼 요정소쩍새는 어디에서 더위를 피할까?

① 바위틈에서   ② 땅 속에서
③ 선인장 속에서

열대 우림의 식물 1

벌써 밤인가? 왜 이렇게 어둡지?

키 큰 나무의 잎이 햇빛을 가려서 그래.

열대 우림의 식물 2

조심해! 피부에 독이 있을지 몰라.

내가 독화살개구리냐? 난 이빨에 독이 있다고.

67 열대 우림엔 지구상에서 가장 많은 식물이 살아. 왜 그럴까?

① 햇빛이 강하고, 비가 적게 와서
② 햇빛이 강하고, 비가 많이 와서
③ 햇빛이 약하고, 비가 많이 와서

68 열대 우림의 땅 위 가까이는 햇빛이 잘 들지 않아. 왜 그럴까?

① 구름이 자주 끼어서
② 새의 둥지가 많아서
③ 키 큰 나무가 햇빛을 가려서

69 열대 우림의 브로멜리아는 키가 작은 식물이야. 어떻게 햇빛을 받을까?

① 키 큰 나무의 가지 위에서 자라서
② 키 큰 나무가 없는 곳에서 자라서
③ 잎을 크게 만들어서

70 열대 우림의 독화살개구리는 색과 무늬가 화려해. 왜 그럴까?

① 독이 있다는 걸 알리려고
② 독을 많이 만들려고
③ 독이 없는 척하려고

71 타란툴라 거미는 이빨에 독이 있어. 그럼 독화살개구리는 어디에 독이 있을까?

① 혀　　　　② 침
③ 피부

72 오르펜돌라스 새는 나무에 바구니 같은 집을 지어. 왜 그럴까?

① 수분을 흡수하려고
② 적을 피하려고
③ 먹이를 유혹하려고

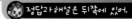
정답과 해설은 뒤쪽에 있어.

집중탐구 퀴즈 정답 & 해설

사막의 동물 1

사막의 동물 2

정답 61.② 62.② 63.③

물이 부족한 사막에서 낙타는 혹의 지방을 분해해서 물처럼 흡수해요. 초식 동물인 애닥스는 평생 물을 마시지 않고 식물을 먹어 물을 흡수해요. 육식 동물인 자칼이나 치타는 다른 동물의 피를 먹어 부족한 물을 얻어요. 또 이구아나는 두꺼운 이빨과 입술로 선인장의 가시까지 씹어서 먹고 물을 얻어요.

나미브 사막엔 등에 수많은 작은 돌기가 있는 딱정벌레가 살아요. 이 딱정벌레는 돌기에 안개를 맺히게 해서 물을 만들어 마셔요.

정답 64.③ 65.② 66.③

더운 사막에 사는 동물의 털은 대부분 밝은 색이에요. 밝은 색이 햇빛을 반사해 덜 덥기 때문이에요. 사막 동물은 낮엔 뜨거운 햇빛을 피해 숨어 있어요. 캥거루쥐는 땅 속에, 요정소쩍새는 선인장에 구멍을 뚫고 들어가 있어요. 그러곤 밤이나 새벽이 되면 나와서 활동해요. 그래서 어두워도 먹이를 잘 잡을 수 있게 감각이 발달했어요. 하지만 황금두더지처럼 더위를 피해 한평생 땅 속에서 지내는 동물도 있어요.

열대 우림의 식물 1

열대 우림의 식물 2

열대 우림은 햇빛도 강하고, 비도 많이 내려요. 그래서 지구상에서 가장 많은 동물과 식물이 살아요.

열대 우림은 키가 크고 잎이 넓은 나무들이 위를 지붕처럼 가리고 있어요. 그래서 밑바닥은 햇빛이 잘 들지 않아 어둡고 축축하고, 바람도 잘 불지 않아요.

브로멜리아처럼 키가 작은 식물은 햇빛이 들지 않는 어두운 바닥에서 살지 못해요. 그래서 햇빛이 잘 드는 키 큰 나무의 가지 위에 붙어 살아요.

열대 우림의 수많은 동물은 다양한 방법으로 몸을 보호하고 먹이를 구해요.

독화살개구리는 피부에 독이 있어요. 그래서 적에게 독이 있다는 걸 알리기 위해 색과 무늬가 화려해요. 타란튤라 거미는 독이 있는 이빨로 먹이를 마비시켜 잡아요. 또 꽃사마귀는 꽃처럼 위장해 먹이를 잡아요. 오르펜돌라스라는 새는 적을 피하기 위해 나무에 매달린 둥지를 지어요. 둥지는 풀과 잎을 이어서 실바구니 모양으로 만들어요.

176-177쪽 정답이야.

집중탐구 퀴즈

문제를 잘 읽고 맞는 것을 골라봐. 쉽지 않을걸!

초원의 식물

줄기가 왜 이렇게 통통하지?

이 안에 물 있다.

초원의 동물

근데 넌 누구냐?

나만 믿어! 즉시 알려줄게.

나 먼저 풀 먹을게 망 잘 보고 있어.

73 왜 열대 우림엔 키가 큰 나무가 많고, 열대 초원엔 키가 작은 풀이 많을까?

① 비가 자주 오지 않아서
② 햇빛이 강하지 않아서
③ 바람이 많이 불어서

74 열대 초원의 건기엔 비가 오지 않아. 이 곳 식물 뿌리는 어떻게 생겼을까?

① 짧고 좁게 퍼져 있어.
② 길고 넓게 퍼져 있어.
③ 길고 좁게 퍼져 있어.

75 열대 초원의 건기에 아카시아 나무는 뿌리를 깊게 내려. 그럼 바오밥나무는 어떻게 할까?

① 비가 올 때까지 시든 채 있어.
② 줄기에 물을 저장해.
③ 잎을 가시처럼 오므려.

76 열대 초원의 초식 동물은 대부분 무리를 지어 다녀. 왜 그럴까?

① 먹이를 많이 먹으려고
② 새끼를 많이 낳으려고
③ 적을 혼란스럽게 하려고

77 열대 초원의 건기엔 불이 쉽게 나서 풀이 모두 타 버리기도 해. 그럼 초식 동물들은 어떻게 할까?

① 다른 곳으로 이동해.
② 한곳에 머물러 안 움직여.

78 프래리도그는 땅 밑에 굴을 파고 무리 지어 사는 동물이야. 프래리도그는 자기 무리를 어떻게 확인할까?

① 소리를 질러서
② 입을 맞춰서
③ 냄새를 맡아서

남극의 생물

어서 모여! 추운 겨울이 시작이래.

뭉치면 따뜻하고, 흩어지면 춥다.

북극의 식물

무슨 소리야. 북극에 여름이 어딨어?

그럼 앞에 있는 건 식물이 아니고 뭐야?

환경과 생물

79 황제펭귄은 알을 수컷 발등에 놓고 품어. 그럼 젠투펭귄은 어디에 놓고 품을까?

① 물속에　②자갈 둥지 속에
③ 빙하 속에

80 남극의 펭귄은 함께 모여서 추위를 막아. 어떻게 막을까?

① 둥글게 모여 방패막을 만들어서
② 서로 부둥켜안아서
③ 눈구덩이를 파고 들어가서

81 펭귄은 먼저 한 마리가 물속에 뛰어든 다음에야 다른 펭귄들이 뛰어들어. 왜 그럴까?

① 물이 얼었는지 확인하려고
② 적이 있는지 확인하려고
③ 먹이가 많은지 확인하려고

82 북극 지방엔 이끼처럼 작은 식물만 살아. 왜 그럴까?

① 춥고 바람이 강해서
② 비가 많이 와서
③ 햇빛이 너무 강해서

83 북극 지방의 식물은 뿌리를 깊게 내리지 못해. 왜 그럴까?

① 땅 속에 미생물이 많아서
② 땅 속에 물이 없어서
③ 땅이 얼어 있어서

84 북극 지방엔 햇빛이 적어 식물이 영양분을 만들기 힘들어. 그럼 어떻게 살아갈까?

① 눈으로 영양분을 만들어서
② 여름에 영양분을 저장해서
③ 곤충을 잡아먹어서

정답과 해설은 뒤쪽에 있어.

집중탐구 퀴즈 정답 & 해설

초원의 식물

초원의 동물

열대 초원은 열대 우림처럼 햇빛은 강하지만 비는 3~4개월밖에 내리지 않아요. 그래서 키가 작은 풀과 생명력이 강한 나무만 자라요.

비가 적게 오는 열대 초원엔 물이 귀해요. 그래서 식물의 뿌리는 대부분 수염뿌리가 많고, 길고 넓게 퍼져 있어요. 뿌리가 넓게 퍼져 있으면 비가 조금만 와도 물을 재빨리 흡수할 수 있어요. 또 아카시아나무는 땅 속 깊은 곳까지 물을 찾아 뿌리를 깊게 내려요. 바오밥나무는 줄기 속에 물을 저장해요.

열대 초원의 식물은 키가 작아서 숨을 곳이 없는 초식 동물은 눈에 잘 띄어요. 그래서 초식 동물은 대부분 얼룩말처럼 무리 지어 살아요. 무리 지어 살면 적을 쉽게 발견할 수 있고, 한꺼번에 도망쳐 적을 혼란스럽게 할 수 있어요.

비가 오랫동안 오지 않는 건기엔 자연적으로 불이 잘 나요. 그러면 초식 동물들은 먹이를 찾아 이동해요. 프래리도그는 땅 밑에 굴을 파고 무리 지어 살아요. 입을 맞춰서 자기 무리임을 확인해요.

남극의 생물

북극의 식물

정답 79.② 80.① 81.②

펭귄은 대부분 봄에 알을 낳고 품어요. 마젤란펭귄은 알을 작은 돌과 나뭇가지로 만든 둥지에, 젠투펭귄은 자갈로 만든 둥지에 품어요. 하지만 겨울에 알을 낳는 황제펭귄은 수컷이 발등 위에 알을 놓고 뱃살과 엉덩이로 품어요.

펭귄은 추위를 이기기 위해 둥글게 무리지어 안쪽과 바깥쪽에 번갈아서며 방패막이 돼요.

펭귄은 한 마리가 물에 먼저 뛰어들어 천적이 있는지 확인해요. 그런 후 다른 펭귄이 뛰어들어요.

정답 82.① 83.③ 84.②

북극 지방은 비가 적게 오고, 바람이 강하고, 아주 추워요. 그래서 키가 큰 식물은 없고, 키가 작은 식물만 자라요.

북극 지방의 땅은 얼어 있어요. 그래서 식물의 뿌리는 땅 밑에 얕게 퍼져 다른 식물의 뿌리와 엉켜 있어요.

북극에도 6~8주의 짧은 여름이 있어요. 이 시기에 식물들은 꽃을 피우고, 열매를 맺어 번식해요. 또 햇빛이 많이 비추는 이 시기에 광합성을 해서 나머지 기간을 견딜 영양분을 저장해요.

180-181쪽 정답이야.

북극의 동물 1

눈에 덮인 풀을 어떻게 먹을꺼야?

걱정마 너비가 넓은 발굽으로 파헤치면 되니깐.

북극의 동물 2

난 핑크 바다코끼리?

물에 들어가면 화이트 바다코끼리

85 북극 지방의 북극곰과 사향소는 몸이 둥글어. 왜 그럴까?

① 몸의 열을 덜 뺏기려고
② 미끄러지지 않으려고
③ 몸집을 크게 보이려고

88 바다코끼리는 빙하 위에서 새끼도 낳고, 털갈이도 해. 그럼 여름에 빙하가 녹으면 어떻게 할까?

① 바다 속에서
② 육지에서   ③ 빙하를 찾아가.

86 북극은 온통 빙하와 눈으로 덮여 있어. 그럼 북극곰은 어디에 새끼를 낳을까?

① 눈 속에   ② 땅 속에
③ 물속에

89 원래는 분홍색인 바다코끼리는 물속에서 흰색으로 변해. 왜 그럴까?

① 피부의 색소가 사라져서
② 피가 몸 안쪽으로 몰려서
③ 지방이 몸 안쪽으로 몰려서

87 사향소는 눈 속의 풀을 먹어. 어떻게 먹을까?

① 발로 눈을 파헤쳐서
② 눈 속에 머리를 파묻고
③ 입김으로 눈을 녹여서

90 일각돌고래는 머리에 긴 엄니가 있어. 이 엄니로 무슨 일을 할까?

① 물의 압력과 온도를 느껴.
② 먹이를 잡아.
③ 빙하를 쪼개.

지구 온난화

왜 이렇게 막히는 거야.

차가 이렇게 많으니 지구가 자꾸 더워지지. 대중교통을 이용합시다.

산성비

머리 빠질 수 있으니까 우산을 꼭 써야해.

공기오염을 빨리 줄여야 할텐데…

91 지구의 평균 기온이 100년 동안 0.5도 올랐어. 이렇게 지구의 온도가 점점 올라가는 현상을 뭐라고 할까?

① 엘니뇨 현상   ② 온난화 현상
③ 오존층 현상

92 대기에 이산화탄소가 많아지면서 지구가 더워지고 있어. 왜 그럴까?

① 이산화탄소가 모여 열을 내서
② 태양열이 많이 들어와서
③ 태양열을 붙잡아 둬서

93 지구 온난화를 일으키는 이산화탄소가 많아지는 가장 큰 이유는 뭘까?

① 나무가 점점 많아져서
② 석유를 많이 사용해서
③ 동물이 점점 많아져서

94 산성비를 맞으면 피부병에 걸릴 수 있어. 산성비는 뭘까?

① 모래가 섞인 비
② 산성을 띤 비
③ 맛이 시큼한 비

95 산성비가 내리면 식물이 죽고, 문화재도 망가져. 산성비가 내리는 원인은 뭘까?

① 공기의 오염   ② 물의 오염
③ 땅의 오염

96 산성비를 내리게 하는 오염 물질은 자동차와 공장이 많은 도시에 생겨. 그런데 왜 시골에도 산성비가 내리는 걸까?

① 오염된 물이 흘러 가서
② 오염된 구름이 흘러 가서
③ 오염된 공기가 흘러 가서

정답과 해설은 뒤쪽에 있어.

북극의 동물 1

북극의 동물 2

정답 **85.** ① **86.** ① **87.** ①

북극곰, 사향소, 북극여우와 같은 북극 동물의 몸은 대부분 둥글어요. 몸이 둥글면 표면적이 작아서 열이 적게 빠져나가요.

북극 지방은 얼음과 눈으로 덮여 있어요. 그래서 북극곰은 눈 속에 새끼를 낳아요. 구덩이의 입구는 눈으로 덮고 작은 공기구멍을 뚫어 둬요.

사향소는 풀을 먹어요. 그래서 눈 속을 넓은 발굽으로 파헤쳐 풀을 먹어요. 또 보통 무리를 이루어 둥글게 진을 쳐 가운데에 새끼를 넣어 보호해요.

정답 **88.** ③ **89.** ② **90.** ①

북극의 바다코끼리는 추위를 이기기 위해 두꺼운 피부와 지방으로 덮여 있어요. 바다코끼리는 빙하 위에서 생활해요. 그래서 여름에 빙하가 녹으면 빙하를 찾아 더 추운 북쪽으로 이동해요.

바다코끼리는 원래 분홍색이에요. 하지만 물속에선 흰색이나 담갈색이 돼요. 추위를 막기 위해 피가 몸 안쪽으로 몰리기 때문이에요.

일각돌고래는 머리에 뿔처럼 튀어나온 엄니가 있어요. 이 엄니로 물의 압력과 온도를 느껴요.

지구 온난화

산성비

정답 91.② 92.③ 93.②

지구 온난화는 지구 평균 기온이 올라가는 현상을 말해요. 지구 온난화는 대기 중의 이산화탄소, 메탄, 오존 등의 기체가 많아져 지구를 비닐하우스처럼 감싸서 일어나요. 태양열이 지구 표면에 닿았다가 지구 밖으로 빠져나가지 못해 지구는 점점 더워지기 때문이에요.

지구 온난화를 만드는 기체 중 가장 많은 건 이산화탄소예요. 이 이산화탄소는 동물이 숨 쉴 때도 나와요. 하지만 석유나 석탄 같은 화석 연료를 쓸 때 가장 많이 나와요.

정답 94.② 95.① 96.③

산성비는 빗물의 산성도 pH(수소이온 농도)가 5.6보다 낮은 비예요. 산성비를 맞으면 머리카락이 빠지거나 피부병이 생길 수 있어요. 땅과 물은 산성화되어 생물이 살 수 없게 돼요. 또 산성비에 건물이나 문화재의 겉면이 녹기도 해요.

산성비는 도시에 많이 내려요. 자동차의 배기가스나 공장의 연기가 공기를 오염시키기 때문이에요. 하지만 오염 물질이 바람을 타고 날아가 시골에도 산성비가 내려요.

184-185쪽 정답이야.

1 사는 곳에 따른 동물의 생김새와 생활 모습   3학년

하늘   물속   땅 속   땅 위

1. 지렁이는 땅 속에서 움직이기에 알맞게 몸이 길다. (○ , ×)

2. 사자는 땅 위를 잘 뛰어다닐 수 있게 아가미가 있다. (○ , ×)

3. 참새는 하늘을 날 수 있게 날개가 있다. (○ , ×)

4. 붕어는 헤엄을 잘 칠 수 있게 몸이 유선형이다. (○ , ×)

2 같은 종류지만 생김새가 다른 동물   3학년

독수리   저어새   북극곰   팬더곰

1. 물고기를 먹는 저어새의 부리는 주걱모양이다. (○ , ×)

2. 새들의 부리는 먹이를 쉽게 구할 수 있게 모두 다르다. (○ , ×)

3. 동물을 잡아 먹는 독수리의 부리는 뾰족하고 길다. (○ , ×)

4. 북극곰의 털색은 눈에 띄지 않게 흰색이다. (○ , ×)

190쪽 정답 **5** 1.○ 2.× 3.○ **6** 1.○ 2.× 3.○

기대하시라!

오리

개구리

잠자리

물고기

1. 오리와 개구리는 헤엄을 잘 치게 물갈퀴가 있다. (○ , ×)

2. 날개가 있는 오리, 잠자리는 모두 물갈퀴가 있다. (○ , ×)

3. 물에 사는 개구리와 물고기는 비늘이 있다. (○ , ×)

4. 물에 사는 개구리와 물고기는 아가미로 숨을 쉰다. (○ , ×)

선인장

알로에

진달래

1. 사막에는 선인장, 알로에 등이 살고 있다. (○ , ×)

2. 사막의 식물의 잎은 크고 넓다. (○ , ×)

3. 진달래는 키가 크다. (○ , ×)

4. 높은 산의 식물은 강한 바람을 견디려고 땅 옆으로 자란다. (○ , ×)

5	여러 가지 꽃의 꽃가루받이(수분) 방식	4학년

구분	수분을 도와주는 것	꽃의 예
풍매화	바람	벼, 보리, 옥수수 등
충매화	곤충	호박꽃, 장미, 무꽃 등
조매화	새	동백꽃, 바나나 등
수매화	수	물수세미, 검정말 등

1. 수술에 있는 꽃가루가 암술머리에 전달되는 것을 수분이라고 한다. (○ , ×)

2. 벼나 보리는 곤충에 의해 꽃가루받이가 일어난다. (○ , ×)

3. 곤충이 모여드는 꽃은 꿀이 있고 꽃잎의 색깔이 화려하다. (○ , ×)

6	생물이 환경에 적응한 예	5학년

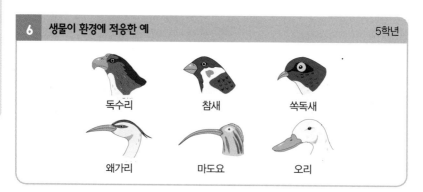

독수리   참새   쏙독새

왜가리   마도요   오리

1. 새의 종류에 따라 부리 모양이 다른 것은 새가 먹이를 얻을 수 있는 환경에 적응한 것이다. (○ , ×)

2. 참새는 부리를 넓게 벌려서 곤충을 쓸어 담듯이 잡아먹는다. (○ , ×)

3. 독수리의 부리는 끝이 갈고리처럼 휘어져 고기를 찢기에 알맞다. (○ , ×)

188쪽 정답 1 1. ○ 2. × 3. ○ 4. ○ 2 1. ○ 2. ○ 3. × 4. ○

기대하시라!

먹이 피라미드   6학년

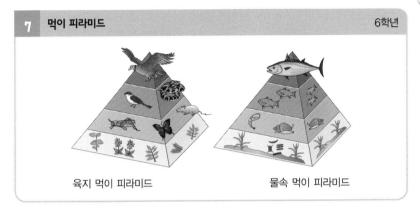

육지 먹이 피라미드   물속 먹이 피라미드

1. 먹이 피라미드에서는 생산자의 수가 변해도 소비자의 수는 변하지 않는다.
(○ , ×)

2. 먹이 피라미드에서 각 생물의 수는 생산자<1차 소비자<2차 소비자<3차
소비자 순으로 유지된다. (○ , ×)

3. 1차 소비자의 한 종류가 멸종하면 2차 소비자는 모두 멸종한다. (○ , ×)

4. 먹이 그물이 복잡할수록 생태계의 평형을 유지하기에 유리하다. (○ , ×)

5. 먹고 먹히는 관계에 따라 생물 집단의 크기가 조절된다. (○ , ×)

6. 쥐, 뱀은 모두 1차 소비자이다. (○ , ×)

7. 생산자는 모두 식물이다. (○ , ×)

마법천자문 과학 퀴즈북 3 - 물과 생물

글 아울북 초등교육연구소
삽화 서규석

1판 1쇄 인쇄 2009년 8월 17일
1판 1쇄 발행 2009년 8월 21일

펴낸이 김영곤
펴낸곳 (주)북이십일 아울북
개발실장 이유남
기획 개발 신정숙, 김수경, 조국향, 안지선, 이장건
마케팅 김보미, 이태화, 배은하
영업 이희영, 김태균, 정원지
디자인 표지_최은, 본문_이선주
편집 다우

주소 경기도 파주시 교하읍 문발리 파주출판문화정보산업단지 518-3(413-756)
연락처 031-955-2708(마케팅), 031-955-2116(영업), 031-955-2127(내용문의)
홈페이지 www.keystudy.co.kr
출판등록 제10-1956호 Copyright@2009 by 아울북. All rights reserved

값 8,500원
ISBN 978-89-509-1980-1
ISBN 978-89-509-1992-4(세트)